TELETRABAJO: VIVIR Y TRABAJAR MEJOR

T0243664

PROFIT
editorial

Profit Editorial, sello editorial de referencia en libros de empresa y management. Con más de 400 títulos en catálogo, ofrece respuestas y soluciones en las temáticas:

- Management, liderazgo y emprendeduría.
- Contabilidad, control y finanzas.
- Bolsa y mercados.
- Recursos humanos, formación y coaching.
- Marketing y ventas.
- Comunicación, relaciones públicas y habilidades directivas.
- Producción y operaciones.

E-books:
Todos los títulos disponibles en formato digital están en todas las plataformas del mundo de distribución de e-books.

Manténgase informado:
Únase al grupo de personas interesadas en recibir, de forma totalmente gratuita, información periódica, newsletters de nuestras publicaciones y novedades a través del QR:

Dónde seguirnos:
 | **@profiteditorial**

 | **Profit Editorial**

Ejemplares de evaluación:
Nuestros títulos están disponibles para su evaluación por parte de docentes. Aceptamos solicitudes de evaluación de cualquier docente, siempre que esté registrado en nuestra base de datos como tal y con actividad docente regular. Usted puede registrarse como docente a través del QR:

Nuestro servicio de atención al cliente:
Teléfono: **+34 934 109 793**

E-mail: **info@profiteditorial.com**

TELETRABAJO: VIVIR Y TRABAJAR MEJOR

Xantal Llavina

Oriol Amat

Nilton Navarro

César Piqueras

Pedro Martínez Ruiz

Marcos Álvarez

Pilar Lloret

Óscar González

Laura Isabel Arranz

Daniel Sánchez

Christian Rodriguez

Eva Pous Raventós

PROFIT
editorial

© Profit Editorial I., S.L., 2020

Diseño de cubierta y maquetación: XicArt

ISBN: 978-84-17942-87-8
Depósito legal: B 9316-2020
Primera edición: mayo, 2020

Impresión: Gráficas Rey
Impreso en España / Printed in Spain

Nota del editor

La pandemia originada por el coronavirus COVID-19, y la consecuente crisis mundial, ha transformado la vida y la forma de trabajar de muchas personas.

La mala noticia es que a nivel social, millones de personas han tenido que ser confinadas en sus casas para frenar la propagación del virus. La buena es que, gracias a la tecnología, muchas de estas personas disponen de las herramientas necesarias para seguir realizando su trabajo bien sea desde sus casas o desde cualquier otro lugar. Esta nueva forma de trabajar, denominada «teletrabajo», ha posibilitado, en parte, minimizar los efectos de esta crisis.

De ahí surge la idea de publicar esta obra, y de hacerlo lo antes posible. Diversos autores de nuestra editorial han participado en este proyecto, redactando cada uno de ellos un capítulo diferente, según su especialidad.

Les agradecemos a todos ellos su voluntad de ayudar al lector a formarse e informarse sobre todo aquello que tiene que ver con el teletrabajo y sobre cómo sacarle el máximo rendimiento.

Sin duda, esta es una obra surgida del mismo teletrabajo y gracias a la rápida y desinteresada colaboración de todos los autores que han participado en ella.

Índice

Prólogo

Empiezo el día pronto y mi vida laboral es totalmente digital. Hago reuniones vía WhatsApp o Skype con mi equipo. La tecnología me ayuda a tener más tiempo, más horas y a comunicarme más rápidamente con mis colaboradores; las reuniones de largas horas se han terminado para siempre.

Pero si quieres teletrabajar, necesitas tener conocimientos sobre las nuevas competencias digitales. Como explico en mi libro *#somdigitals* (Profit, 2020), estamos viviendo la cuarta revolución industrial de la historia, la denominada revolución digital, y, entre otras muchas cosas, esta revolución posibilitará que cualquier tipo de trabajo pueda hacerse desde fuera de una oficina física. Es lo que se denomina «teletrabajo». Si los datos se han convertido en el petróleo del siglo XXI, el teletrabajo también es un valor por el que hay que apostar en un breve plazo de tiempo.

En este libro, hecho desde el teletrabajo y con la colaboración de 12 autores distintos, encontraréis las herramientas necesarias para saber qué hay que tener en cuenta en este mundo laboral digital que no cesa de moverse y evolucionar.

Como sabéis, el teletrabajo consiste en la realización de tareas en una ubicación fuera de la oficina central o de las instalaciones de la empresa para la que trabajamos, lo que nos separa del contacto personal con el resto de compañeros de trabajo. Son las llamadas TIC (Tecnologías de la Información y de la Comunicación) las que han facilitado que esta nueva forma de trabajar sea posible.

Como muy bien explican los autores de este libro en algunos capítulos, si queremos empezar a teletrabajar desde casa con nuestro ordenador, lo más importante es aprender a organizarnos para conseguir ser eficientes. En primer lugar, y aunque parezca una obviedad, hay que establecer unos horarios fijos, como si fuéramos a trabajar a la oficina, y seguir con la rutina. Por ejemplo: levantarte, ducha, desayuno, empezar a trabajar a las 9 h y acabar a las 18 h. Cuando estamos teletrabajando solos y desde casa, la tentación de consultar las redes sociales aumenta. Debemos controlarnos y silenciar las notificaciones para que nuestra rutina de trabajo no se vea alterada y nuestra concentración aumente. En los capítulos interiores, expertos en el tema nos enseñan cómo levar a cabo esta organización y adquirir los hábitos necesarios para que el teletrabajo se realice de la forma más efectiva.

En cuanto al teletrabajo, lo más importante para mí es que las herramientas sean sobre todo multidispositivas, es decir, que me permitan acceder a mis archivos y aplicaciones tanto desde mi ordenador como desde mi móvil o tableta. De esta forma, lo tengo siempre todo accesible y en varias pantallas a la vez.

En este sentido, uno de los capítulos de este libro está dedicado a las herramientas que existen para hacer teletrabajo. Se habla en él de todas ellas, con lo que es de gran utilidad. Para la gestión de proyectos yo recomiendo especialmente Trello y Monday.com. Son herramientas que facilitan hacer un seguimiento y control más efectivo de las tareas que realizan los diversos miembros de nuestro equipo. Cuando se trata de información confidencial, siempre es mejor utilizar la herramienta que utilice nuestra empresa. En muchos casos se utiliza el Microsoft Teams, ya que es muy ágil. Por otra parte, también hay herramientas como Dropbox, que permite una sincronización muy rápida, y conocida por muchos.
Pero existen muchas más, todas ellas igual de válidas, con sus ventajas y sus inconvenientes.

Y para comunicarnos entre nosotros cuando trabajamos a distancia, también son muchísimas las herramientas que tenemos a nuestra disposición, desde Skype, WebEx, Hangouts, Slack, etc., que se adaptan a las necesidades de cada persona.

Otros temas que se tratan en el libro que tenéis en vuestras manos, entre otros, son los aspectos legales del teletrabajo –aún con importantes cuestiones por resolver–, cómo conseguir un equilibrio entre lo profesional y lo personal, cómo nos afecta desde el punto de vista emocional el hecho de trabajar solos desde casa, cómo alimentarnos de forma sana sin caer en vicios que pueden acabar siendo peligrosos para nuestra salud, qué actividades físicas podemos hacer desde casa y cuándo, etc.

Hasta hace bien poco el teletrabajo no ha sido considerado como una opción en nuestro país. Históricamente siempre se ha considerado como «poco productivo», pero, en realidad, han sido las empresas las que no han sabido poner a disposición de sus trabajadores las herramientas y medios necesarios para que sea igual de productivo que el trabajo en oficina.

Teletrabajar beneficia tanto al trabajador como al empresario. Para las empresas, el teletrabajo puede aportar disminución de costes de producción y de equipos y eliminación del control de horarios, entre otras muchas cosas. Además, puede facilitar su expansión internacional, pues con el teletrabajo y todas las herramientas informáticas disponibles es posible hacer el seguimiento y ver el resultado de las tareas de todos los componentes de los equipos, se encuentren donde se encuentren. Para los trabajadores, el teletrabajo significa mayor autonomía, flexibilidad y movilidad, la oportunidad de pasar más tiempo con la familia, o sea, conciliar la vida profesional con la personal, e incluso, ser su propio jefe.

Disfruta del viaje digital, vas a aprender a teletrabajar para siempre.

Xantal Llavina, Periodista en el ámbito TIC de Catalunya Radio y TV3.

01

Economía del teletrabajo

Impacto en las personas,
la empresa y la sociedad

Oriol Amat

«Hoy en día, la flexibilidad en el trabajo es crucial. Las organizaciones que puedan proporcionarla estarán en una mejor posición para retener el mejor talento en los próximos años».
Jason Phillips, vicepresidente de Recursos Humanos de Cisco

El teletrabajo es la forma en que trabajan empleados a plena dedicación que lo hacen total o parcialmente en casa, y también se refiere a autónomos que trabajan en su casa. En algunos casos la ubicación del teletrabajo es en espacios de coworking, cafeterías o lugares similares. El teletrabajo ha ido aumentando a lo largo de los últimos años, especialmente a raíz de la crisis del coronavirus, y se calcula que durante los periodos de confinamiento del año 2020, alrededor del 70% de los empleados de muchos países han teletrabajado.

El tema del teletrabajo tiene una gran relevancia. Como muestra puede indicarse que la mayoría de las personas están interesadas en el teletrabajo. De acuerdo con un estudio de LinkedIn (2020), el 99% de las personas querrían teletrabajar, al menos algún tiempo, durante el resto de su carrera. Según Randstad (2018), el 69% de los trabajadores en España querrían teletrabajar, pero su empresa no lo permite. Según el presidente de la Comisión Nacional para la Racionalización de los Horarios Españoles (ARHOE), José Luis Casero, el porcentaje de trabajadores que quiere teletrabajar pero la empresa no se lo permite es del 75%.

Este interés se manifiesta incluso con la predisposición a cobrar menos a cambio de teletrabajar. Según OwlLabs (2019), el 34% de los trabajadores estarían dispuestos a cobrar un 5% menos a cambio de poder teletrabajar. Otra estadística similar es la que proporciona Global Workplace Analytics (2020), que indica que el 37% de los trabajadores estarían dispuestos a cobrar un 10% menos a cambio de teletrabajar.

Antes de estallar la crisis del coronavirus, según Eurostat (figura 1) en Europa teletrabajaban alrededor del 10% de los trabajadores. El país con más teletrabajadores era Holanda, con un 14% de los trabajadores. En cambio, en Bulgaria el porcentaje era del 0,2%. En España, el porcentaje estaba en la banda baja, con un 4%.

Según el INE (2020), con datos inmediatamente anteriores a la crisis del coronavirus, las personas que teletrabajaban en España habitualmente (más del 50% de su jornada laboral) eran el 5% de la población ocupada. Este porcentaje subía hasta el 7% si también se tenía en cuenta a las personas que teletrabajaban de manera esporádica.

A lo largo de los últimos años han ido aumentando las empresas que permiten que su equipo humano teletrabaje un determinado número de horas cada semana. Según ARHOE, en España entre un 14% y un 20% de las empresas españolas ya tienen previsto implementar programas de teletrabajo. Es el caso, por ejemplo, de Ernst & Young o de Zurich Seguros, que permiten desde hace unos años que alrededor del 50% del tiempo de trabajo semanal pueda hacerse desde casa.

En Estados Unidos, el porcentaje de teletrabajadores es, actualmente, del 7%, y el 66% de las empresas tienen algún empleado que teletrabaja (US Bureau of Labor Statistics).

En América Latina, Brasil es el país con más penetración del teletrabajo, con un 12% de la población activa. Le siguen Argentina (10%), Chile (5,2%) y México (4,4%) (*La República*, 2020). En muchos países de la región será imprescindible mejorar la digitalización de las empresas y de los hogares para ampliar las posibilidades del teletrabajo.

La existencia del teletrabajo varía mucho en función de la actividad que realiza la empresa. Como se puede apreciar en la figura 2, las empresas de informática y tecnologías de la información son las más propensas. En cambio, las empresas industriales son las que utilizan menos el teletrabajo.

De acuerdo con Global Workplace Analytics (2016), los sectores con más teletrabajadores en Estados Unidos son la consultoría e investigación (12%), informática (10%), finanzas y seguros (9%) y servicios inmobiliarios (8%); y los que menos son la minería (2%), restaurantes y hoteles

PAÍS	% de personas que teletrabajan sobre el total de ocupados
Holanda	14%
Finlandia	13,3%
Luxemburgo	11%
Dinamarca	7,8%
Eslovenia	6,9%
Francia	6,6%
Bélgica	6,6%
Irlanda	6,5%
Portugal	6,1%
Noruega	5,5%
Suecia	5,3%
Alemania	5%
Hungría	4,6%
Reino Unido	4,4%
España	4,3%
Chequia	4%
Italia	3,6%
Grecia	2%
Chipre	1,2%
Turquía	1,2%
Suiza	1%
Rumania	0,4%
Bulgaria	0,2%

Fuente: Eurostat (2020)

Figura 1. Porcentaje de personas que teletrabajan en 2020 antes de la crisis del coronavirus

(2%), construcción (3%), transporte (3%), industria (3%), Administración Pública (4%) y sanidad (4%).

Si tenemos en cuenta el tamaño de la empresa, las empresas que están más preparadas para hacer teletrabajo son las grandes y las multinacionales. En cambio, solo un 14% de las pymes cuenta con el nivel necesario de digitalización para hacer teletrabajo (CEPYME, 2020).

Si consideramos el sexo, la proporción de teletrabajo es más elevada en el caso de las mujeres con hijos o familiares dependientes. Por ejemplo, según el United States Office of Personnel Management (2012), el 24% de las mujeres funcionarias teletrabajan, mientras que este porcentaje era del 18% en el caso de los hombres. También es más elevada en el caso de las personas que viven en grandes ciudades (Federal Reresve Bank of St. Luis, 2019).

Si tenemos en cuenta la edad de los trabajadores, según Randstad (2018) los más interesados en el teletrabajo son los que tienen entre 25 y 45 años (78%). Le siguen los trabajadores menores de 25 años (64%). Los que menos interés tienen son los mayores de 45 años (58%).

	Permiten el teletrabajo	Solo permiten el teletrabajo en circunstancias especiales	No permiten el teletrabajo
Informática y tecnologías de la información	72%	24%	4%
Finanzas	62%	26%	12%
Consultoría	57%	31%	12%
Sanidad	43%	44%	12%
Industria	43%	38%	19%

Fuente: Linkedin Talent Solutions (2020)

Figura 2. Autorización para teletrabajar en algunos de los principales sectores de la economía en 2020

Orígenes y evolución del teletrabajo

«La pandemia del coronavirus,
posiblemente, acelerará la adopción del teletrabajo».
JLL, Consultoría Inmobiliaria

Hasta el siglo xviii cuando se produjo la primera Revolución Industrial, muchas personas trabajaban en casa. Es el caso de profesiones como carpinteros, artesanos, etc. Sin embargo, cuando llegó la primera Revolución Industrial los trabajadores pasaron a las fábricas.

Un par de siglos más tarde, con la crisis del petróleo de 1973, el teletrabajo despertó un gran interés. El aumento del coste del carburante que encareció los desplazamientos al trabajo y la elevada congestión del tráfico motivaron la necesidad de plantear alternativas a la forma de trabajar. El término «teletrabajo» lo acuñó el científico Jack M. Nilles de la University of Southern California cuando el Gobierno de Estados Unidos le encargó un proyecto de investigación sobre las posibilidades del trabajo en casa con la ayuda de las posibilidades que ofrecen las tecnologías de la información y la comunicación (TIC). Nilles demostró que el teletrabajo podía contribuir a resolver los problemas de congestión de tráfico y medioambientales. Desde entonces, se ha utilizado el concepto de teletrabajo (también denominado trabajo en casa y, en inglés, *telework*, *telecommuting*, *flexwork* o *smart working*). El teletrabajo también recibe otras denominaciones: trabajo en remoto o trabajo flexible. Cuando finalizó la crisis del petróleo, el interés por el teletrabajo siguió creciendo por otros motivos, como puede ser la conciliación de la vida laboral y la familiar.

Durante muchos años, el teletrabajo se limitaba a actividades de telemarketing y de servicio de atención al cliente. A finales de los setenta, algunas empresas como IBM ya empezaron a contratar programadores que teletrabajaban en un momento en el que había escasez de este tipo de profesionales. En los ochenta, el desarrollo de los ordenadores personales aumentó aún más las posibilidades del teletrabajo, ya que era posible tener la «oficina en casa». Posteriormente, a medida que han ido aumentando las posibilidades de la tecnología (internet, correo electrónico, videoconferencia, realidad virtual...) se ha ampliado el abanico de posibilidades.

En 1997, en Estados Unidos ya había unos 10.000 funcionarios federales trabajando desde casa.

En los años siguientes, la irrupción de los teléfonos móviles, las tabletas y los ordenadores portátiles hicieron posible el concepto de «oficina móvil», ya que estos nuevos dispositivos permiten que el teletrabajo pueda hacerse desde cualquier lugar que tenga conexión a internet.

En 2011, a nivel internacional, el 20% de los empleados ya teletrabajaban al menos una parte de su jornada laboral y el 10% teletrabajaban la totalidad de su tiempo de trabajo (Reaney, 2012).

En 2014, el 59% de las empresas norteamericanas ya tenían algún tipo de teletrabajo (Society for Human Resources Management, 2014).

Actualmente, nuevas tecnologías como la información en la nube ya permiten la «oficina virtual». Imaginemos qué habría ocurrido hace treinta años (cuando internet no existía) si se hubiese producido una crisis como la del coronavirus. Sin internet no se podrían realizar la mayor parte de las actividades que ahora se pueden realizar en remoto. En la actualidad, el teletrabajo se hace comunicándose con la empresa ya sea a través del teléfono, el correo electrónico o internet.

A medida que se han ido produciendo avances tecnológicos, el teletrabajo ha ido aumentando su peso (ver figura 3).

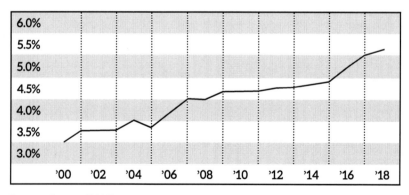

Fuente: Quartz (2019)

Figura 3. Porcentaje de personas que teletrabajan en Estados Unidos de 2000 a 2018

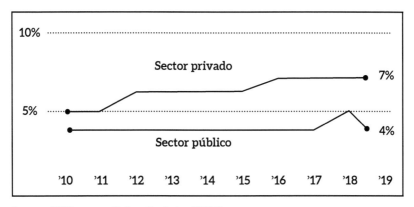

Fuente: US Bureau of labor Statistics (2019)

Figura 4. Evolución del porcentaje de personas que teletrabajan en el sector privado y en el sector público en Estados Unidos de 2010 a 2019

En la figura 4 se comprueba que el teletrabajo está más extendido en el sector privado que en el público.

Por otro lado, el teletrabajo está más extendido a medida que el nivel salarial es más elevado (ver figura 5).

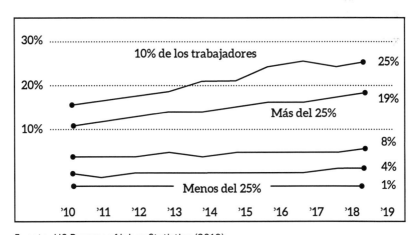

Fuente: US Bureau of labor Statistics (2019)

Figura 5. Porcentaje de personas que teletrabajan en función del nivel salarial en Estados Unidos de 2010 a 2019

El teletrabajo se puede realizar en múltiples profesiones. Según Forbes, el 70% de las profesiones son susceptibles de hacerse en teletrabajo. En la figura 6 se listan las 20 actividades que generan más puestos de teletrabajo.

Actividad	% de incremento anual de puestos de trabajo
1. Desarrollo de software	24%
2. Vendedor	3%
3. Enfermería	15%
4. Contable	3%
5. Diseñador	11%
6. Consultor	14%
7. Project Manager	15%
8. Intérprete	18%
9. Directivo	8%
10. Atención al cliente	5%
11. Profesor	7%
12. Directivo de márketing	10%
13. Escritor	8%
14. Analista de empresas	14%
15. Buscador de patrocinios	15%
16. Logopeda	18%
17. Especialista de calidad	10%
18. Investigador	23%
19. Selección de personal	7%
20. Director financiero	19%

Fuente: Bureau of Labor Statistcis (2018)

Figura 6. 20 profesiones más demandadas para teletrabajo en Estados Unidos en 2018 y tasa de crecimiento anual

Características del teletrabajo

El teletrabajo se hace normalmente desde casa (84% de los casos según Buffer.com), pero también se utilizan espacios de coworking, cafeterías y bibliotecas. En la figura 7 se relacionan las principales características de las diferentes modalidades de teletrabajo.

Características	Descripción
Part-time o *full-time*	En función de la cantidad de tiempo que se trabaja fuera del domicilio de la empresa
Localización fija o móvil	En función de si el lugar de trabajo fuera de la empresa es siempre el mismo o va cambiando
Horario fijo o variable	En función de si los días y horario de trabajo son fijos o van variando en función de las necesidades
Interacción alta o baja	En función de si la colaboración con otros empleados de la empresa es elevada o reducida
Sincronía o asincronía	En función de si las tareas que se desarrollan se hacen simultáneamente con otros trabajadores (videoconferencias, por ejemplo) o no.
Autonomía alta o baja	En función de si el trabajador puede decidir dónde, cuándo y cómo teletrabajar

Fuente: Nicklin, J.M. (2016)

Figura 7. Características del teletrabajo

En los capítulos siguientes del libro se analizan con más detalle las implicaciones que supone el trabajo, en temas tales como gestión del tiempo, gestión de reuniones, gestión de equipos, equilibrio profesional-personal-familiar, aspectos tecnológicos y aspectos legales, entre otros.

Ventajas e inconvenientes

«El teletrabajo ocasional debería verse como una opción beneficiosa para todas las partes».
Miguel Valdivieso, director de Randstad
Human Capital Consulting

El teletrabajo tiene importantes ventajas, como se puede comprobar en la figura 8, aunque también tiene inconvenientes. Por otro lado, las ventajas que ofrece el teletrabajo son valoradas de manera diferente según el sexo. Así, de acuerdo con LinkedinTalent Solutions (2020), el 36% de las mujeres consideran que la posibilidad de teletrabajar es un elemento muy importante a la hora de considerar un empleo. Este porcentaje es del 29% en los hombres.

Como ejemplos de ventaja en lo que se refiere a la conciliación familiar del teletrabajo podemos mencionar a Luis Martínez, responsable de análisis y control de *trading* de Repsol, que explica que «teletrabaja casi siempre los martes para concluir a las 18 horas y llevar al niño a natación».

Según la United States Office of Personnel Management (2012), el 75% de los funcionarios que teletrabajan están satisfechos con su trabajo; en cambio, este porcentaje es del 68% en el caso de los funcionarios que no teletrabajan.

A pesar de las ventajas mencionadas, conviene seguir determinadas pautas. Así, el director de recursos humanos de Roche Farma, Luis Manuel González, señala que «el día de teletrabajo es perfecto para hacer videoconferencias internacionales o preparar presentaciones» y añade: «Yo no suelo teletrabajar en pijama o ropa deportiva, sino que me afeito y me visto de calle» (citado en *La Vanguardia* del 14 de marzo de 2020).

	Ventajas	Limitaciones o necesidades

Empresas	• Reduce costes de desplazamiento y de espacio
	• Trabajadores más motivados y comprometidos con la empresa
	• La productividad de los empleados es más elevada. La mayoría de estudios cuantifican entre el 10% y el 25% la mejora de la productividad, ya sea por el aumento de ingresos o por la reducción de costes
	• Permite aumentar la diversidad de trabajadores (nacionalidades y género)
	• Mejora la integración de personas con discapacidad
		• Más requerimientos tecnológicos:
		  – Capacidad de los sistemas informáticos
		  – Ordenador personal
		  – Herramientas para la comunicación y reuniones virtuales (correo electrónico,
		  – WhatsApp, Google Hangouts, Zoom...)
		  – Herramientas para el control de tareas y tiempos (Microsoft to do, Google Tasks, Todoist, Sesame...)
		  – Herramientas para las tareas compartidas (Google Drive, Microsoft OneDrive, Dropbox...)
		• Formar a los empleados para que sepan usar las tecnologías necesarias
		• Los convenios colectivos y los contratos de trabajo lo han de prever y regular (según UGT, en España solo el 4% de los convenios lo regulan)
		• Se tiene que facilitar medios que garanticen la seguridad y salud de los trabajadores
		• Dificultad para la transferencia de conocimiento entre trabajadores
		• Dificultad para el control de los trabajadores
		• Hay que marcar objetivos claros y calendario de cumplimiento para evitar la dispersión
		• Hay que garantizar el almacenamiento y la seguridad de la información que se transmite por correo electrónico o internet

		Dificultad para separar el tiempo de trabajo del tiempo personal y familiar
Trabajadores	• Reduce tiempo de desplazamiento • Equilibrio entre vida profesional, familiar y personal • Más posibilidades de atender a familiares dependientes • Menos dificultades para las personas con minusvalías • Reduce el estrés • Más satisfacción con el trabajo • Flexibilidad en el trabajo • Ahorro de costes de desplazamiento, guardería, ropa y comida	• Dificultad para separar el tiempo de trabajo del tiempo personal y familiar • El jefe puede interpretar que el trabajador está disponible las 24 horas al día, 7 días a la semana • Dificultad para desconectar del trabajo • Aislamiento del resto de compañeros de trabajo; pueden empeorar las relaciones sociales • Es fácil distraerse • El huso horario de la empresa puede ser diferente • Muchas empresas no pagan el coste de internet o wifi • Habitación sin ruidos y con luz y buena conexión y segura a internet, además de cobertura móvil • Deben seguirse las normas de prevención de riesgos laborales • Puede haber más dificultad para promocionar
Sociedad	• Reduce costes medioambientales (huella de carbono...) • Mejora la calidad de vida y del aire en zonas urbanas • Los trabajadores pueden tener más tiempo para la comunidad • Menos necesidad de medios de transporte (transporte público, automóviles, vuelos de avión...) • Permite alargar la vida laboral de las personas de más edad • Reducción del desempleo en áreas rurales	• Determinados sectores pueden reducir su nivel de actividad (líneas aéreas, automóvil...)

Figura 8. Principales ventajas e inconvenientes del teletrabajo

Detractores

A pesar de las enormes ventajas que presenta el teletrabajo, también tiene detractores. De acuerdo con la United States Office of Personnel Management (2012), las principales barreras de la empresa al teletrabajo son las reticencias de la dirección de la empresa, las necesidades tecnológicas, los riesgos de seguridad y la desconfianza entre el empleado y su supervisor. En 2013, por ejemplo, Marissa Mayer, consejera delegada de Yahoo, prohibió el teletrabajo en su empresa con el fin de promover la innovación y la colaboración entre los trabajadores. En ese mismo año, Hubert Joly, consejero delegado de Best Buy, tomó la misma medida con el fin de mejorar los malos resultados que estaba obteniendo la compañía.

De acuerdo con Gao y Hitt (2003), los directivos más propensos a permitir el teletrabajo serán aquellos que confíen más en la capacidad de sus empleados para cumplir los objetivos. También señalan que es importante que la persona que empieza a teletrabajar ya lleve más de seis meses en la empresa.

Economía del teletrabajo: inversión y ahorro

El teletrabajo supone, por un lado, una inversión, pero, por otro lado, puede generar un importante ahorro de costes para la empresa.

En relación con la inversión que se necesita en equipamiento informático y software por teletrabajador, CEPYME (2020) estima en 22.400 euros los costes iniciales para una empresa de 10 empleados y unos 50 euros al mes por teletrabajador de costes de licencias informáticas.

En materia de ahorro de costes, hay diversos elementos a tener en cuenta. Como muestra de la mayor productividad de los teletrabajadores, podemos hacer referencia al estudio de Airtasker (2019), que encuestó a 1.004 empleados a tiempo completo, de los cuales 505 eran teletrabajadores. Los principales resultados del estudio son:

- Los teletrabajadores trabajan 1.4 días más adicionales por mes que el resto de los empleados, lo que equivale a casi 17 días laborales adicionales al año.

	Ahorro anual por teletrabajador	
Fuente	**OIT (2016)** **Ahorro de un** **teletrabajador que trabaja** **la mitad del tiempo en casa**	**TECLA (2019)** **Ahorro de un** **teletrabajador que trabaja** **todo el tiempo en casa**
Empresa	6.524	10.230
Empleado	1.260	6.510
Sociedad	86	No se ha calculado
Total	7.870	16.740

Figura 9. Estimación de los ahorros que produce un teletrabajador
por año (datos en euros)

- Los teletrabajadores toman descansos más largos en promedio que el resto de los empleados (22 minutos versus 18 minutos, respectivamente), pero trabajan 10 minutos adicionales al día.
- Los teletrabajadores son improductivos durante 27 minutos al día, sin incluir almuerzos o descansos. En cambio, el resto de los empleados son improductivos durante un promedio de 37 minutos al día.
- El 15% de los teletrabajadores dijo que su jefe los distrajo del trabajo, que es menos del 22% del resto de los empleados.

En otro estudio, Nicholas Bloom, de la Universidad de Stanford (2017), concluyó que la mejora de la productividad de los teletrabajadores es equivalente a 50 días más de trabajo al año, ya que están menos días enfermos y pierden menos tiempo mientras trabajan. Y el ahorro de espacio de oficina puede situarse entre 2.000 y 10.000 dólares por empleado y año. Según EY, que en 2019 tuvo un 65% de la plantilla que hizo una parte de su jornada en teletrabajo, mejoró la productividad en un 15%.

Se han realizado múltiples estudios sobre el ahorro que genera el teletrabajo. Empresas como Cepsa, por ejemplo, están realquilando espacios en sus oficinas tras implantar de forma generalizada el teletrabajo. En la figura 9 se comprueba que el ahorro de un teletrabajador se sitúa entre 7.870 euros/año u 16.740 euros/año.

El ejemplo de Dell Computer

De acuerdo con Mohammed Chahdi, director de Recursos Humanos de Dell: «El trabajo es lo que haces y no el lugar al que vas. Nuestra propuesta de valor es clara y simple: permitimos a los miembros de nuestro equipo hacer su mejor trabajo independientemente de dónde y cuándo lo hacen».

Actualmente, Dell tiene un 60% de sus empleados que teletrabajan. Esto les permite ahorrar 12 millones de dólares anuales al necesitar menos espacio de oficinas. Además, los empleados que teletrabajan tienen un nivel más elevado de motivación.

El caso del Gobierno norteamericano

En 2012, la United States Office of Personnel Management publicó un estudio cuantificando los ahorros que se producirían si el 50% de los funcionarios de la Administración hicieran teletrabajo, y el ahorro total se estimó en 5.400 millones de dólares/año (que representa un ahorro del 6,67% sobre el total de los salarios de los funcionarios) (figura 10).

Una muestra del interés que ha despertado el teletrabajo a raíz de la crisis del coronavirus es que de enero a marzo de 2020, las acciones de las empresas que ofrecen servicios relacionados con el teletrabajo han aumentado mucho su cotización. En la figura 11 se acompaña la cotización de la empresa Zoom, que ha visto aumentar su cotización más de un 100% en tres meses.

Concepto de ahorro	Importe del ahorro	% que representa el ahorro sobre los salarios
Mejora de la productividad	2.900 millones de dólares	3,62%
Reducción de costes en oficinas	1.500 millones de dólares	1,87%
Reducción del absentismo	570 millones de dólares	0,71%
Reducción de la rotación de empleados	383 millones de dólares	0,47%
Total	5.400 millones de dólares/ año	6,67%

Fuente: United States Office of Personnel Management (2012)

Figura 10. Estimación de los ahorros que se producirían en Estados Unidos si la mitad de los funcionarios del Gobierno Federal teletrabajasen

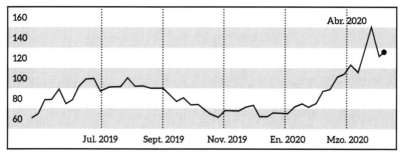

Fuente: Nasdaq

Figura 11. Evolución de la cotización de Zoom Video Communications Inc. De abril de 2019 a abril de 2020

Resumen de puntos clave

- El teletrabajo ha tenido un gran desarrollo en los últimos años gracias a los avances tecnológicos.
- La crisis del coronavirus ha multiplicado el interés por el teletrabajo.
- La mayoría de los trabajadores teletrabajaría si pudiera.
- En las actividades profesionales relacionadas con informática, consultoría, educación, investigación y similares, el potencial del teletrabajo es mucho más elevado.
- La principal inversión que ha de hacer la empresa es en ordenadores, dispositivos móviles, software (videoconferencia, correo electrónico...) y acceso a internet o wifi.
- Los ahorros que genera el teletrabajo se centran esencialmente en el menor requerimiento de espacio de oficina, los costes de desplazamiento, la mejora de la productividad y la reducción del absentismo.
- Para evitar la dispersión es fundamental que la empresa establezca objetivos a cumplir, calendario y un sistema de control.
- Para los teletrabajadores las principales ventajas son la reducción del tiempo de desplazamiento, la conciliación de la vida laboral y la familiar; y el ahorro en comida y locomoción.
- Para la sociedad, los efectos beneficiosos del teletrabajo se centran en los aspectos medioambientales y la reducción de las congestiones de tráfico.

Conclusiones

«La pandemia va a romper la barrera de los directivos y mandos intermedios hacia el teletrabajo».

José Luis Casero, presidente de la Comisión Nacional para la Racionalización de los Horarios

El teletrabajo no es el futuro del trabajo, sino el presente. Por tanto, no se trata de una moda, ya que está aquí para quedarse y aumentar exponencialmente en los próximos años. Las grandes ventajas que puede aportar en reducción de costes, incremento de la motivación y productividad de los empleados y también su impacto beneficioso para el medioambiente, explican que muchas empresas hoy día se estén planteando incrementar su apuesta por esta forma de trabajar. Esto se ve aún más potenciado por las posibilidades crecientes que ofrece la tecnología. Además, el hecho de que millones de empresas y de personas hayan tenido que teletrabajar a la fuerza a causa del coronavirus aún lo ha popularizado más.

Bibliografía

Gao, G. y Lorin, M. (2003): The Economics of Telecommuting: Theory and Evidence, The Wharton School, University of Pennsylvania.

Lorin M. Hitt Linkedin Talent Solutions (2020): Global Talent Trends 2019.

Nicklin, J.M. (2016): Telecommuting: What? Why? When? and How?, en J. Lee (ed.): The impact of ICT on work, Springer Science+Business Media.

OIT (2016): Challenges and opportunities of teleworking for workers and employers in the ICTS and financial services sectors, Issues Paper for the Global Dialogue Forum on the Challenges and Opportunities of Teleworking for Workers and Employers in the ICTS and Financial Services Sectors, Ginebra.

OwlLabs (2019): State of remote work, https://www.owllabs.com/state-of-remote-work/2019

Reaney, P. (2012). About 20 percent of global workers telecommute: Poll. Retrieved from http://www.huffingtonpost.com/2012/01/24/workers-telecommute_n_1228004.html

Society for Human Resource Management . (2014). 2014 employee benefits: An overview of employee benefit offerings in the U.S.

United States Office of Personnel Management (2012): 2012 Status of Telework in the Federal Government, Report to the Congress.

United States Office of Personnel Management (2018): 2017 Status of Telework in the Federal Government, Report to the Congress

02

Tecnología en el teletrabajo

Nilton Navarro

Con el avance de las generaciones, de las nuevas metodologías de trabajo y de los nuevos tipos de profesiones y lugares de trabajo, el mundo profesional está en constante renovación. Hay tres tendencias que se convertirán en los ejes básicos que marcarán el mercado laboral en 2020 y 2021.

1. Nuevas tecnologías. Desde hace muchos años la tecnología forma parte de nuestras vidas: nos sorprendió en el pasado, nos ha sorprendido en los últimos tiempos y nos sorprenderá en el futuro próximo y lejano; continuará instalándose en nuestra vida laboral y personal. Además, la tendencia del mundo laboral por orientarse hacia la tecnología continúa vigente y cada vez se hace más y más fuerte, especialmente porque las nuevas tecnologías permiten mejorar nuestra vida.

Una mentalidad más práctica ha impulsado este auge de las tecnologías y ha revolucionado el mundo laboral hacia una constante innovación para conseguir que el trabajo sea más eficiente y los resultados más optimizados.

2. Trabajar por objetivos. Esta es la tendencia que más va a revolucionar la forma actual en la que trabajamos. Cambiar el enfoque clásico de trabajo por una manera más óptima de medir el trabajo de los profesionales. Trabajar bajo un horario cerrado o en lugar fijo no va a ser un modelo válido para todas las empresas o trabajadores. El nuevo enfoque está centrado en la consecución de objetivos, o en lograr metas puntuales, y en el aumento de la productividad de los equipos de trabajo, consiguiendo maximizar la concentración y optimizando los resultados.

3. Flexibilidad laboral. El trabajo es una parte muy importante de nuestra vida. Aunque sigue siendo y será siempre un tema de alta relevancia, cada día se aleja más de los modelos antiguos en los que lo más importante era cumplir ciertas normas, adaptarse a horarios y tratar de saltar de un trabajo a otro lo menos posible. Y es por esto que, desde hace unos años, el término «conciliación laboral» ha venido ganando terreno y se posiciona como una tendencia importante a la que están migrando los equipos de trabajo. Este concepto se refiere a la capacidad o modelo de trabajo que le permiten al profesional equilibrar tanto el trabajo como el disfrute del tiempo libre. Los horarios flexibles, la independencia a la hora de elegir qué, cómo y cuándo hacer tu trabajo y el teletrabajo son fundamentales para lograr que cada vez nos acerquemos más a un ambiente laboral que permita a los profesionales adaptarse a él, encontrarse cómodos y poder dar lo mejor de sí mismos.

El coronavirus COVID-19 ha cambiado nuestra forma de trabajar. El aumento de contagios a nivel mundial ha obligado que las empresas hayan empezado a tomar medidas como el teletrabajo ante la propagación del virus. Por ejemplo, en España, previamente a la crisis que estamos viviendo provocada por el virus, el teletrabajo no estaba aún implementado en todas las empresas. Según un estudio de septiembre 2019 de InfoJobs, el portal líder de empleo de España, solo el 19% de la población activa afirmaba que en su empresa estaba permitido realizar teletrabajo, esto significa que solo 2 de cada 10 trabajadores podían teletrabajar en este país.

En cuanto a países de Latinoamérica, el teletrabajo ha crecido de manera exponencial durante los últimos años. Poco a poco las empresas se dan cuenta de todos los beneficios de esta flexibilidad.

Ante esta situación extraordinaria que nos ha tocado vivir, y antes de presentaros las mejores herramientas para hacer teletrabajo, quiero ayudaros para que podáis establecer vuestras rutinas laborales de forma eficaz. Por ello, comparto ocho consejos para implementar el teletrabajo de forma eficiente y organizada. De muchos de ellos se habla en otros capítulos de este libro.

Claves para trabajar desde casa de forma eficaz

1. Trabajar en un espacio acogedor: Buscar un rincón de nuestra casa en el que nos sintamos cómodo para establecer el *home offi-*

ce. El espacio de trabajo debe ser cómodo, con una buena iluminación y en el que podamos mantener un orden.

2. El pijama está prohibido: Debemos mantener nuestra rutina, arreglarnos para ir a trabajar, aunque no vayamos a salir de casa. Podemos optar por utilizar ropa cómoda, pero el pijama queda totalmente prohibido.

3. Planificación: La planificación será nuestra aliada. Establece rutinas que nos ayuden en la organización del día a día.

4. Establecer un horario: Debemos marcarnos horarios y permitirnos establecer tiempos de descanso para evitar distracciones durante la jornada.

5. Disciplina: En esta situación nosotros somos nuestro propio supervisor. Aunque no haya nadie directamente vigilando que se cumplan los *timings*, todo es cuestión de tener autodisciplina.

6. Objetivos: Marcarnos objetivos y fijarnos plazos. Elaboremos un listado de tareas pendientes y establezcamos su orden de importancia y prioridad. De esta forma, seremos más productivos.

7. Mantengamos el contacto con nuestro equipo: Estamos teletrabajando, pero no trabajamos solos. Es importante mantener el contacto con nuestro equipo; una llamada o una videoconferencia de diez minutos nos servirán para asegurar una comunicación fluida y estrechar lazos. Podemos hacer un café virtual para continuar en contacto con nuestro equipo.

8. Herramientas: Es importante que tengamos todas las herramientas, aplicaciones y servicios que nos puedan facilitar la comunicación, planificación y organización entre los equipos de trabajo.

Existen muchas herramientas para el teletrabajo que facilitan y permiten agilizar la dinámica de trabajar en casa. Desde la optimización de la comunicación, el trabajo colaborativo, almacenamiento de información, seguridad de la información, hasta la agilización de la toma de decisiones.

A continuación os presento las mejores herramientas y aplicaciones para que el teletrabajo seas más productivo o para mejorar nuestra concentración.

Herramientas de comunicación *online*

Slack: Esta aplicación es ideal para hacer teletrabajo. Se trata de una de las herramientas que más utilizo en el trabajo. Slack reemplaza el correo electrónico dentro de nuestra empresa. Nuestras conversaciones estarán organizadas, estarán al día en todo momento activando las notificaciones. A diferencia del correo electrónico, Slack permite elegir qué conversaciones son más importantes y cuáles pueden esperar.

Pexip: Esta plataforma crea salas de juntas virtuales. Es posible personalizar la sala virtual a nuestro estilo para que nuestros equipos de trabajo se conecten ya sea de modo local, remoto o intercontinental. Esta herramienta conecta a nuestro equipo desde cualquier lugar. Con Pexip es posible combinar los sistemas de Skype, Microsoft y Hangouts, así como diferentes tipos de dispositivos.

Muzzleapp: Esta herramienta sirve para evitar recibir notificaciones mientras compartimos la pantalla de nuestro ordenador/computadora. De esta manera, no tendremos interrupciones y las personas que vean nuestra pantalla no verán las notificaciones que recibimos. Muzzleapp es compatible con Slack, FaceTime, Google Meet, bluejeans, Hangouts de Google y Join.me.

Google Meet: Esta es la nueva aplicación de videoconferencias de Google para reemplazar a Hangouts de manera profesional. Google Meet es una nueva aplicación que ha aparecido de la noche a la mañana y que vendría a ocupar el puesto de Hangouts dentro del conjunto de apps de Google Suite. Si nos encontramos en un lugar con mucho ruido y no tenemos unos audífonos buenísimos, podemos usar la función de subtítulos instantáneos de Meet para transcribir la conversación en tiempo real (como si fueran subtítulos de la televisión).

Zoom: Es una herramienta para hacer videoconferencias. Zoom no solamente ofrece llamadas a través de vídeo, sino que además permite escribir mensajes al mismo tiempo y compartir cualquier archivo con el resto de usuarios. Una de las ventajas de esta herramienta es que es posible conectar hasta 1.000 personas a la videoconferencia.

Herramientas de organización del trabajo

Trello: Esta herramienta permite trabajar en equipo de forma más colaborativa y ser más productivo. Las tarjetas, listas y tableros de Trello posibilitan organizar y priorizar nuestros proyectos de forma divertida, flexible y muy visual. Además, tiene la opción de automatizar flujos de trabajo con su robot llamado Butler, el cual hará que ahorremos tiempo en nuestra organización.

Copernic: Es una plataforma colaborativa, modular e inteligente que nos ayudará a administrar, diseñar, desarrollar y probar nuestros proyectos. En Copernic podemos crear y desarrollar cualquier proyecto, desde páginas web hasta empresas.

Evernote: Nos ayuda a capturar y establecer la prioridad de las ideas, proyectos y listas de tareas, para que nada se nos pase por alto. Evernote es una aplicación que facilita organizar nuestro día a día, creando notas, las cuales podemos organizar por libretas, compartir con nuestro equipo de trabajo e incluso guardar archivos, documentos o páginas web completas, lo que nos puede ayudar a ser personas más productivas en el día a día.

Asana: En Asana podemos planificar y estructurar el trabajo de la manera más adecuada para nosotros. Establecer prioridades y fechas límite. Compartir detalles y asignar tareas. Podemos ver de manera muy visual los proyectos y las tareas en todas las etapas. Es un software ideal para gestionar tareas y proyectos.

Kanbanize: Una herramienta que organiza y gestiona el trabajo eficientemente. Optimiza el seguimiento de cada proyecto. Visualiza todos los flujos de trabajo en tan solo unos minutos. Podemos gestionar nuestro equipo de trabajo, asignar tareas y hacer un seguimiento del estado de cada proyecto. Podemos utilizar su motor de Reglas de negocio para automatizar procesos, de manera que se ahorra tiempo.

Monday: Es una herramienta muy visual para gestionar todos nuestros proyectos. La mayoría de los procesos se pueden automatizar desde Monday para que podamos dedicar más tiempo al trabajo que necesita de nuestro talento. Podemos crear un espacio de trabajo virtual para que trabajemos en equipo.

Herramientas para gestionar las contraseñas

Last Pass: Utilizar muchas herramientas online equivale a utilizar más contraseñas. Last Pass, además de ser una «memoria de contraseñas», es una de las principales herramientas para trabajar en equipo, pues permite compartir contraseñas con terceros sin tener que enseñarlas de forma explícita. Con solo guardar una contraseña una vez la tendremos a su disposición en todos tus dispositivos.

Password: Esta herramienta es muy conocida sobre todo entre los usuarios de Mac e iOS gracias a su excelente diseño, experiencia de usuario y funcionalidades, aunque las versiones de 1Password para Windows y Android son un poco inferiores.

Dashlane: Con esta herramienta podemos tener todas nuestras contraseñas, pagos e información personal donde los necesitemos y desde cualquier dispositivo. Dashlane es una herramienta que puede simplificar nuestra vida en Internet.

Keepass: Es un gestor de contraseñas gratis. La web de Keepass es obsoleta, pero al ser de código abierto posibilita que cualquier desarrollador/a pueda ayudar a localizar y solucionar cualquier problema que pudiera tener un usuario. Tiene todas las opciones necesarias para recordar contraseñas de webs, correos y servidores FTP.

PasswordSafe: Este gestor de contraseñas de código abierto permite guardar nuestras contraseñas. PasswordSafe es una herramienta gratuita y tiene todas las funciones básicas de guardado de contraseñas.

Herramientas para crear murales digitales: trabajo colaborativo

Padlet: Es una herramienta que permite almacenar y compartir contenido multimedia. Padlet es un muro digital que podemos utilizar como un tablón personal o una pizarra colaborativa. Podemos insertar: imágenes, enlaces, documentos, vídeos, audios, presentaciones y más elementos.

Mural: Esta herramienta posibilita elaborar y compartir murales digitales capaces de integrar todo tipo de contenidos multimedia: texto, presentaciones, vídeos, imágenes, enlaces... Solo debemos arrastrar los archivos a la pantalla. Mural es una buena herramienta de trabajo colaborativo, porque es muy dinámica y fácil de utilizar.

Glogster: Esta herramienta es muy fácil de utilizar. En Glogster podemos incluir textos, imágenes, gráficos, enlaces, vídeos y audios. Podemos crear, guardar y compartir nuestros murales, además de consultar los que ya están creados por otras personas de la comunidad.

Herramientas de alojamiento de archivos

Drive: Esta herramienta de Google permite guardar, compartir y acceder a nuestros archivos desde cualquier dispositivo. Así, vayamos donde vayamos, llevaremos siempre nuestros archivos con nosotros. Con Google Drive es posible compartir archivos y carpetas. Podemos invitar fácilmente a otras personas a ver todos los archivos que queramos, además de descargarlos y trabajar en ellos, sin necesidad de enviar archivos adjuntos por correo electrónico. Podemos utilizar 15 GB de espacio de almacenamiento gratis.

Dropbox: Esta herramienta de almacenamiento nos permite guardar, compartir y acceder a nuestros archivos desde cualquier dispositivo. Con la cuenta gratis de Dropbox solo podemos almacenar 2GB.

OneDrive: También podemos acceder desde OneDrive a los archivos desde cualquier dispositivo. Utilizamos nuestro teléfono, tablet o PC para continuar con nuestro trabajo estemos donde estemos. Los cambios que realicemos se actualizarán en todos los dispositivos. Podemos tener acceso a nuestros archivos sin estar conectados a internet, lo que significa que siempre los llevaremos con nosotros.

Wetransfer: Es una aplicación basada en la nube que se puede utilizar para enviar o almacenar archivos. En Wetransfer podemos enviar hasta 2 GB de archivos a varios destinatarios de forma gratuita. Es una plataforma muy sencilla de utilizar para compartir archivos y documentos de forma muy rápida.

Espero que estas herramientas y aplicaciones nos ayuden a tener más productividad mientras trabajamos desde casa. Es muy importante que elijamos las herramientas que más se adaptan a nuestro estilo de trabajo.

Ahora bien, al trabajar desde casa tendremos que hacer todas nuestras reuniones con clientes o con nuestro equipo de manera *online*, por lo que debemos tener en cuenta lo siguiente:

Cómo tener una reunión en remoto exitosa

Tal como ya se ha indicado en otro de los capítulos de este libro, para tener éxito en una reunión en remoto, debemos seguir estas indicaciones clave:

Tener papel y boli a mano, antes de la reunión, y apuntar las ideas básicas a comentar.

Comprobar que tanto la conexión a internet, como la cámara y el micrófono de nuestro portátil o móvil funcionan correctamente.

Utilizar la indumentaria adecuada: no deja de ser una reunión de trabajo.

Buscar un rincón de nuestra casa con buena iluminación y con poco ruido en el que nos sintamos cómodos.

Al finalizar la reunión, resumir los puntos tratados durante la misma para que todas las personas implicadas puedan realizar el seguimiento oportuno.

En este mundo digital que estamos viviendo, son muchas las formas existentes para mostrar nuestra empresa, dar a conocer nuestros servicios, ofrecer nuestros productos, mejorar nuestra marca personal, etc. Por ejemplo, todo esto se puedes hacer a través de un webinar.

Un webinar es un formato de conferencia, taller, formación o seminario que se transmite *online*. La principal característica es la interactividad que se produce entre los participantes y la persona que lo está impartiendo. La audiencia puede hacer preguntas en directo, ya sea a través del chat de la herramienta que utilicemos, por vídeo o por redes sociales.

10 ventajas de hacer un webinar

1. Interactividad. Podemos responder las preguntas de nuestra audiencia al momento, contrastar opiniones y obtener un *feedback* al instante.

2. Ahorro de costes. Un evento presencial es mucho más costoso y, a diferencia de un evento *online*, lleva más tiempo organizarlo y coordinarlo.

3. Audiencia global. Con un webinar es posible dar la vuelta al mundo de manera literal. Por ejemplo, en el último webinar que hice desde Barcelona lo estuvimos mirando en diferentes países de América y Europa.

4. Mejoramos nuestros *soft skills.* Adaptación al cambio, comunicar eficazmente, tolerancia a la presión, creatividad y gestión del tiempo son algunas de las habilidades personales que mejoramos haciendo webinars.

5. Hablaremos mejor en público. Las primeras veces estaremos nerviosos/as durante el webinar; no pasa nada. Mi consejo es que hay que prepararlo bien y practicar mucho para que vayamos aprendiendo técnicas para hacerlo mejor.

6. Imagen de nuestra marca como empresa o de nuestra marca personal. Al utilizar este tipo de formato, nuestra comunidad o nuestros clientes nos percibirán con una imagen de profesional activo, dinámico, moderno, innovador y tecnológico. Es fundamental que siempre aportemos valor con nuestros contenidos *online*.

7. Accesibilidad. Un evento en *streaming* se puede ver desde cualquier dispositivo y esta es una gran ventaja porque nos podrán seguir tanto desde el ordenador como desde el móvil. Podemos darle máxima difusión a nuestro webinar en nuestras redes sociales tanto antes como después de hacer el *streaming*.

8. Versatilidad. La duración, el formato, la herramienta, el estilo, la temática, el objetivo con el que realizamos el webinar lo decidimos según nuestras necesidades, ya sea de nuestra empresa, de nuestro negocio o de nuestra marca personal.

9. Comodidad. Podemos hacer el webinar desde la comodidad de nuestra casa y nuestra audiencia también puede verlo en directo o en diferido desde su casa.

10. Generamos confianza. Al mostrar que sabemos de lo que hablamos ofreciendo valor a nuestra audiencia, generaremos un vínculo con nuestra comunidad, además de ser generosos/as al enseñar lo que hemos aprendido.

Herramientas para hacer un webinar

Si queremos hacer un webinar gratuito o de pago y no sabemos qué herramientas o plataformas emplear, os dejo aquí unas herramientas que son muy fáciles de utilizar. Con todas las herramientas es posible hacer un webinar desde nuestra casa.

StreamYard. Esta es una de las herramientas para hacer webinars más fáciles de utilizar; es muy sencilla, completa y podemos transmitir en directo en YouTube, LinkedIn, Facebook, Twitter, Twitch, Vimeo y LiveStream. StreamYard permite hacer un webinar profesional gracias a todas las funcionalidades que tiene.

ClickMeeting. Esta herramienta es de pago, pero en su versión gratuita podemos hacer reuniones en línea hasta 5 asistentes, webinars hasta un máximo de 25 asistentes y es posible conectar hasta 4 transmisiones de señal de la cámara. En la versión de pago de ClickMeeting tenemos muchas más funcionalidades como conexiones ilimitadas y crear encuestas en directo, entre otras cosas.

Gotowebinar. Es una herramienta gracias a la cual podemos hacer webinars o conferencias en tiempo real. Una de las ventajas de Gotowebinar es que permite incluir encuestas y sondeos para hacer las presentaciones mucho más interactivas. Además, ofrece informes detallados de las personas que se han conectado.

Google Hangouts o Meet de Google. Esta plataforma también posibilita hacer no solo conferencias, sino también llamadas, videollamadas o chats de manera totalmente gratuita. No es una herramienta recomendable para hacer un webinar profesional, pero es una alternativa.

Zoom. Como mencioné anteriormente, es una herramienta para hacer videoconferencias pero también podemos utilizarla para hacer webinars.

Como os habréis dado cuenta, la tecnología está creando una nueva sociedad y una nueva forma de vivir. Todo va a cambiar. El futuro es incierto. Podemos tratar de adivinar lo que va a suceder, pero la realidad es que realmente nadie tiene la capacidad de predecirlo, aunque si de intuir en qué aspectos vamos a tener que mejorar o en cuáles vamos a tener que cambiar.

Las formas de comunicación seguirán evolucionando. La tecnología será la herramienta que nos ayudará a afrontar los cambios y retos del futuro, pero desarrollar el lado creativo y llevarlo a su máximo potencial a través de buenos profesionales será la solución.

Las empresas deberán cambiar sus metodologías y estilos de trabajo enfocándose siempre en ser más eficientes, productivas y, sobre todo, cuidando a las personas de su equipo, porque son el elemento clave del desarrollo de las organizaciones y de su éxito.

A nivel personal, os invito a que utilicéis las nuevas tecnologías y a que hagáis teletrabajo, porque tiene muchos más beneficios de los que pensamos. Os invito a descubrir cómo convertir vuestras pasiones en proyectos o modos de vida. En hacer cosas ordinarias de manera extraordinaria. Explorar nuevas experiencias y oportunidades para proponer soluciones ante situaciones donde las recetas de siempre ya no funcionan. Y recordad que nuestra felicidad es la clave de nuestro éxito.

Si necesitáis otro tipo de herramienta o consejos para mejorar vuestro perfil personal y profesional, os invito a visitar mi blog: niltonnavarro. com/blog

03

Hábitos para el teletrabajo y gestión del tiempo

Diez consejos para ser productivos en el teletrabajo

César Piqueras

La idea de teletrabajar suele ser una de esas cuestiones que gustan mucho a primera vista pero que una vez puestas en práctica y utilizadas no siempre ofrecen los resultados que deseamos. Conviene gestionar muy buen nuestra productividad y el tiempo del que disponemos para el teletrabajo, ya que de lo contrario podemos acabar decepcionados con nuestro rendimiento y sin obtener los resultados que deseamos.

Es por este motivo que debemos tener mucha disciplina, metodología y, sobre todo, ser fieles a un sistema de teletrabajo. Si lo conseguimos, lograremos que el teletrabajo sea una herramienta mediante la cual podamos conseguir objetivos, incluso llegando más lejos que si lo hiciéramos desde un entorno habitual de trabajo en una oficina tradicional.

1. Ser realistas

Muchas personas, atraídas por la idea del teletrabajo, empiezan un día o una semana de trabajo planteándose unas metas muy ambiciosas y con el propósito de cumplir una lista de tareas bastante amplia. Suele ocurrir, después de haber finalizado este día o esta semana de teletrabajo, que los resultados no sean los deseados, pues nos hemos quedado demasiado lejos de las metas que nos planteamos en un inicio.

Con la crisis del COVID-19, hemos visto cómo el teletrabajo ha sido una realidad para millones de profesionales, pero, al mismo tiempo, también hemos visto cómo muchos de estos profesionales no consiguen sacar partido de estas semanas que están viviendo en confinamiento. Mientras unos se quedan muy lejos de ser productivos, otros logran un alto cumplimiento de sus objetivos. ¿Qué diferencia a unos de otros?

Una de las claves tiene que ver con ser realistas, con observar nuestra realidad personal y familiar y después plantearnos unos objetivos para el teletrabajo. Si en nuestro entorno familiar viven más personas, hay niños (incluso con muy pocos meses de vida) y no disponemos de una vivienda que nos permita concentrarnos demasiado, es posible que no podamos llegar tan lejos como una persona que dispone de espacio, de mayor tiempo en soledad y de menos distracciones. No obstante, cualquier persona tiene la responsabilidad de organizarse para lograr hacer realidad sus objetivos de trabajo, y no tendríamos que poner excusas para no llegar a ellos. En ocasiones, personas que teletrabajan al mismo tiempo que están sus hijos en casa —que pueden ser una grandísima fuente de distracción— deciden empezar el día mucho antes, por ejemplo, a las cinco de la mañana, para así tener tres o cuatro horas de teletrabajo antes de que despierte el resto de personas con las que comparte hogar. Si ya se han trabajado tres o cuatro horas, es más sencillo encontrar otras tres horas para trabajar durante el resto del día. Sin embargo, si esta persona tuviera que encontrar seis horas al día, pero todas ellas coincidieran con la actividad del resto de personas de su casa, seguramente se encontraría con muchas dificultades.

Antes de ponernos a teletrabajar, quizás lo importante es que evaluemos cómo es nuestra realidad personal, cómo son nuestras circunstancias, de cuánto tiempo podríamos disponer en un día normal para hacer teletrabajo, qué interrupciones podríamos tener o qué imprevistos podrían aparecer en nuestra vida. También es importante que evaluemos los hábitos, comportamientos o costumbres que podríamos aprender, así como qué compromisos podríamos adquirir con otras personas de nuestro entorno para conseguir que el teletrabajo realmente sea una herramienta efectiva para nosotros.

De esta forma nos aseguramos de que estamos abordando el trabajo de una manera responsable. Somos realistas, hacemos algunos ajustes en nuestro entorno y empezamos a teletrabajar.

2. Haz como si fueras a trabajar

Muchas personas, cuando hacen teletrabajo, se dan cuenta de que lo hacen desde una perspectiva demasiado hogareña y personal, quizás con una mentalidad no tan productiva como la que podrían tener un día habitual de oficina. Es por este motivo que es recomendable para cualquier persona que teletrabaje ponerse primero en un modo mental «como si» fueran a trabajar.

De alguna forma, tenemos que llegar a aceptar íntegramente la idea de que cuando estamos teletrabajando estamos trabajando, estamos tratando de sacar el máximo partido productivo de un tiempo acotado del que disponemos. Tenemos que hacer «como si» trabajáramos, cuidar aspectos tales como el aseo o la vestimenta, y el lugar en el que hacemos teletrabajo.

Cuando se realiza teletrabajo ocasionalmente, es posible que tengamos la percepción de que hemos sido realmente productivos, a pesar de haberlo hecho desde la cama de un hotel, desde el sofá, en pijama o con los pies apoyados encima de una mesa. Pero si el teletrabajo es nuestra forma habitual de trabajar, nuestra rutina diaria, y queremos que sea efectivo, tenemos que hacer como si fuéramos a trabajar, esto quiere decir, como ya han indicado otros autores en sus respectivos capítulos: asearnos y vestirnos con corrección y elegir un lugar adecuado para trabajar. No es necesario que vistamos un elegante vestido para teletrabajar, ni que nos pongamos nuestro mejor perfume, ni que nuestro pelo esté tan perfecto como cuando asistimos a una reunión importante, pero sí que es importante que cuidemos los detalles. Se ha demostrado que los pequeños detalles de nuestro comportamiento nos influyen muchísimo a la hora de hacer algo. Por ejemplo, si queremos ser muy creativos en una reunión y crear un buen clima, es mucho mejor que estemos con los brazos abiertos, en lugar de cruzados. Si queremos sentirnos bien un día cualquiera, es mejor sonreír para lograrlo que mantener una mueca neutra. Si queremos tener fe y esperanza, es mejor mirar al cielo que mirar al suelo. Si queremos ser productivos en el teletrabajo, tenemos que intentar cuidar pequeños detalles. Aunque estemos en casa, estamos teletrabajando.

3. Orden y limpieza

En un espacio de trabajo ordenado y limpio se crea el clima propicio para que exista productividad. Es posible que muchos de los espacios de nuestra vivienda no sean ideales para desempeñar una función productiva, quizás porque no están lo suficientemente ordenados o limpios.

Es obvio que cada casa es distinta, con espacios y habitaciones con tamaños muy diferentes. Son pocas las personas que disponen de un amplio despacho en casa. Partiendo de la base de que el tamaño de las viviendas en las grandes ciudades no suele ser muy grande, seguramente nuestro lugar de trabajo sea también una habitación de invitados, un rincón de nuestro salón de estar, la habitación de los niños u otro espacio. No obstante, el orden y la limpieza no son negociables. Cada día, antes de empezar a teletrabajar, es importante que organicemos y limpiemos ese espacio desde el que teletrabajamos. Se trata de un pequeño detalle, pero nos predispone a trabajar mejor. Otro consejo útil es prepararnos una botella de agua de un litro o de un litro y medio antes de empezar nuestra jornada. Beber agua mientras trabajamos nos ayudará a hidratarnos y a disminuir el estrés.

4. Definamos una agenda para el día

Es importante saber cuántas horas al día vamos a teletrabajar, y es necesario que los horarios estén lo más claros posible, y que los cumplamos. Si hemos decidido que realizaremos teletrabajo entre las seis y las ocho de la mañana, entre las once y las dos del mediodía y entre las tres y las cinco de la tarde, es decir, que ese día dedicaremos siete horas al teletrabajo, este horario tendrá que estar definido y claro, para así evitar autosabotearnos. Cuando no decidimos cuánto vamos a teletrabajar, lo más probable es que nuestros mejores planes no los podamos cumplir ni de lejos.

5. Establezcamos metas y objetivos claros

Una vez disponemos de una agenda clara en la que se refleja cuáles son las horas que vamos a dedicar al teletrabajo, debemos definir cuáles son los objetivos que vamos a cumplir durante ese tiempo de teletrabajo.

Muchas personas gestionan su tiempo con una libreta en la que anotan todo lo que hay por hacer; otras tienen alguna aplicación que les puede ayudar a organizar mejor sus tareas dependiendo de cómo sean estas, pero muy pocas personas establecen objetivos concretos, realistas y acotados, y los cumplen al menos en un 90%. De hecho, esto lo consigue menos del 1% de los profesionales que teletrabajan.

De ahí que sea tan fundamental hacer un plan específico y concreto cuando el día comienza. El plan debe ser:

Concreto: El plan debe definir con concreción a qué tipo de tarea nos estamos refiriendo. Por ejemplo: «hacer llamadas a clientes», «hacer propuestas» o «preparar reuniones» no son tareas concretas; sin embargo: «llamar a diez potenciales clientes», «realizar las dos propuestas de Stevenson» o «preparar reuniones de ventas del lunes y martes», sí lo son.

Acotado: Aquí es donde falla la mayor parte de profesionales. Se dicen a sí mismos qué es lo que quieren hacer, pero no saben lo que van a tardar. Nuestro plan debe estar acotado en tiempos, es decir, tenemos que marcar un tiempo para cada tarea. Por ejemplo: «llamar a diez potenciales clientes»: 50 minutos, «realizar las dos propuestas de Stevenson»: 2 horas y «preparar reuniones de ventas del lunes y martes»: 1:30 horas.

Realista: Cuando decimos que nuestro plan debe ser realista estamos apuntando al mayor problema de la mayoría de las personas que teletrabaja. Por lo general, no conseguimos cumplir con aquello que hemos dicho que vamos a hacer, lo que nos hace sentir profundamente decepcionados con nosotros mismos cuando finaliza la semana. Se acaba por dejar de planificar adecuadamente y acabamos haciendo de todo, a toda hora. Para que el plan sea realista, debe cumplir dos reglas importantes. La primera regla es que hay que empezar a experimentar, y cuanto más hayamos experimentado con nuestra metodología, más realistas seremos. En nuestro imaginario podemos pensar que tardamos treinta minutos en realizar una propuesta para un cliente. Sin embargo, cuando medimos realmente los tiempos llegamos a la conclusión de que eso no es así, y de que preparar una propuesta para un cliente puede llevarnos entre cincuenta minutos y una hora y cuarto. Esto es lo habitual. Por tanto, somos mucho más lentos de lo que creemos en nuestro imaginario.

Un sistema fácil para crear el plan diario es utilizar una hoja de Excel en la que podamos medir si hemos llegado al tiempo que nos marcamos o si hemos llegado tarde. Si la mayoría de los días no conseguimos cumplir lo que hemos marcado en nuestro Excel, debemos ser más realistas al marcar los tiempos que nos ocupa cada tarea.

La segunda regla es que para que nuestro día de teletrabajo sea realista, tenemos que considerar que casi con toda seguridad entre un 20% y un 30% de nuestro tiempo planificado para trabajar nos lo pedirán, quitarán o robarán otros (por ejemplo, nuestro jefe, un compañero o un cliente), o habrá incidencias no previstas urgentes que resolver. Puede ocurrir que si hemos planificado cinco horas para teletrabajar, en realidad no dispongamos de esas cinco horas enteras para ejecutar los objetivos que nos hemos planteado, sino que dispondremos solo de cuatro.

¿Qué tipo de imprevistos podrían surgir? Muchos imprevistos son causados por nuestra falta de organización. Por ejemplo, de repente recordamos que hay que hacer una tarea que no hemos planificado al inicio del día. Otros imprevistos surgen porque nos hemos despistado y hemos mirado y resuelto más temas de la cuenta de nuestro e-mail, lo que nos ha quitado un tiempo que habíamos planificado para otras tareas. Otra situación que puede surgir de vez en cuando es el momento «lentejas». Estamos teletrabajando a pleno rendimiento a las doce de la mañana y de repente (seguramente porque la tarea que estamos afrontando es incómoda) decidimos «ir a poner unas lentejitas al fuego para que se vayan haciendo» y nos despistamos durante veinte minutos. Cuando volvemos al lugar de trabajo, nuestra fuerza de voluntad, motivación y ganas ya no son las mismas. Como podéis imaginar, en la agenda de teletrabajo de un profesional pueden haber muchos «ladrones de tiempo», de los que también se habla mucho en este libro, y es algo de lo que nos tendremos que proteger.

La cuestión es que hay que considerar siempre esta pérdida del 20% o el 30% del tiempo. ¿Y cómo saber cuál es nuestro porcentaje concreto? Es la práctica la que nos ayudará. Si en nuestra hoja Excel hemos planificado unas horas y no hemos cumplido con los *timings*, al haber medido los tiempos podemos concluir qué es lo que ha ocurrido, cuánto tiempo del día nos han «robado» otros y en qué medida nuestras previsiones han sido flojas. Pero recordemos que ese tiempo que nos piden otros o requiere las urgencias, también tenemos que planificarlo y tenerlo en cuenta.

6. Evitemos interrupciones

Dependemos de nuestra concentración para conseguir objetivos y ejecutar tareas concretas; sin concentración y sin atención no podemos llegar a cumplir una tarea que requiere de cierta capacidad cognitiva por nuestra parte, es decir, que requiere pensar, analizar y decidir.

Se ha demostrado que, a lo largo de un periodo de dos horas, un profesional que teletrabaja tiene hasta dieciocho interrupciones. Esto hace que muchas personas sean altamente improductivas y sus resultados merman notablemente. Cuando una persona sufre una interrupción de un minuto, en realidad su concentración no se ha visto disminuida durante un minuto, sino que esta no volverá a ser la misma que era hasta pasados entre tres y ocho minutos. Dependemos de nuestro nivel de atención y foco para ser productivos con una tarea, y si nuestra mente estaba en una tarea compleja (la mayoría de las que tenemos hoy en día lo son), cuando salimos de esta para ocuparnos de la interrupción nos costará mucho más tiempo volver a la tarea anterior y estar igual de concentrados.

Pensar actualmente en un ambiente de trabajo (aunque sea a distancia) en el que no existen interrupciones es una quimera; sin embargo, sí hay cuestiones que podemos plantear, prever y negociar con otras personas.

Una interrupción es cualquier cosa que nos saca de nuestro estado de foco. Muchas interrupciones pueden venir de otras personas, de elementos externos a nosotros o de nosotros mismos.

Interrupciones de otras personas. Estas pueden venir del ámbito personal (hijos o pareja), o del ámbito profesional (compañeros de trabajo). En tu familia lo más importante cuando teletrabajas es comunicarles los horarios en los que vas a hacer teletrabajo y pedirles que se respeten lo máximo posible, evitando interrupciones. En tu trabajo esto es más difícil, aunque hay dos formas de evitar interrupciones: pedirle al compañero que te está llamando que lo haga algo más tarde ya que estás concentrado en una tarea que no puedes interrumpir o poner tu teléfono en modo avión o en silencio.

Interrupciones de elementos externos a ti. Estas interrupciones generalmente las provoca la tecnología. Todos los avisos automáticos en pantalla y sonidos indicadores que tenemos en los distintos dispositivos que utilizamos son realmente nocivos porque distraen nuestra atención. Si cada vez que nos llega un e-mail lo vemos en pantalla, estamos teniendo unas cincuenta potenciales interrupciones cada día. Es obvio que no vamos a leer todos los e-mails que lleguen a nuestra bandeja de entrada en el momento que llegan, pero solo con que lo hagamos un 20% de las veces, ya habremos perdido la atención demasiadas veces. El e-mail es una herramienta a la que debemos ir nosotros (es decir, entrar en ella); no es la herramienta la que tiene que interrumpirnos. Entre los treinta y cien e-mails que puede recibir un profesional cada día, muy pocos requieren una atención inmediata, quizás solo tres o cuatro. Una buena práctica es consultar nuestro e-mail cada dos horas, aproximadamente. De esta forma, solucionaremos los temas urgentes y podremos centrarnos en lo que estemos haciendo sin interrupciones. Algo similar ocurre con nuestro teléfono móvil. Hay que evitar al máximo los avisos en pantalla. Esto entraña una gran dificultad, pero una buena práctica es tener el móvil boca abajo, sin sonidos ni vibraciones, mientras teletrabajamos.

Interrupciones de nosotros mismos. Estas son las interrupciones más difíciles de abordar, pues requieren de una gran fuerza de voluntad. Mientras teletrabajamos es normal que de vez en cuando hagamos algunos descansos, pero muchas veces estos son excesivos; no sirven como descansos, porque en realidad nos dedicamos a mirar redes sociales, por ejemplo, y lo que reflejan es nuestra incomodidad para ponernos con las tareas importantes. Cuando tenemos que hacer frente a una tarea incómoda, lo más difícil es ser fiel a nuestro plan y estar trabajando en ella el tiempo que requiere. Constantemente, nuestro subconsciente nos estará dando ideas sobre qué cosas podemos hacer más divertidas, placenteras o sabrosas (¡estas son las que están en nuestra cocina en forma de snack poco saludable!). La clave para superar esto requiere que fortalezcamos nuestra autodisciplina, que es como un músculo que se entrena poco a poco. Para ser más autodisciplinados, empecemos por pequeñas victorias que nos ayuden a construir ese músculo. Se trata de ser un poco mejor cada día.

7. Anotemos nuestras ideas o tareas mientras teletrabajamos

Somos personas altamente creativas; nuestra mente está constantemente pensando y elaborando ideas y planes. Especialmente cuando estamos en un entorno distendido como nuestra casa, nos relajamos y empezamos a tener más ideas de lo normal. Estudios científicos han demostrado que somos más creativos teletrabajando en casa que en nuestra oficina.

Esta capacidad creativa tan sorprendente en el ser humano es una gran virtud, pero también puede ser una barrera importante para ser productivos, ya que cuando estamos con una tarea compleja, lo que necesitamos es concentración, no nuevas ideas ni pensamientos aleatorios que vengan a nuestra mente y que nada tengan que ver con esa tarea que estamos abordando.

Por este motivo, una buena práctica consiste en anotar en una libreta todo aquello que va surgiendo en nuestra mente mientras teletrabajamos. De esta forma, no abandonamos nuestro foco en lo que estamos llevando a cabo ni perdemos la idea que ha llegado a nuestra mente. Cuando acabamos esa tarea compleja o cuando acabamos un bloque de tiempo (como después veremos), será el mejor momento para hacerse cargo de las cuestiones que hemos anotado en nuestra libreta.

8. Trabajemos en bloques de tiempo

Cuando nos concentramos, nuestra productividad aumenta hasta en un 70%, podemos conseguir mucho más con menos. Trabajar en bloques de tiempo es una de las técnicas más efectivas para teletrabajar; de hecho, es la técnica por excelencia, de lo contrario nuestra productividad acaba por ser muy baja.

¿Qué es un bloque de tiempo? Es un tiempo variable entre treinta minutos y dos horas en el que hemos decidido hacer unas tareas concretas. Lo recomendable es que dure entre treinta y cincuenta minutos, pero en ocasiones, para tareas muy complejas, se puede alargar más. Lo más importante del bloque de tiempo es que durante el mismo nuestra atención esté solo en eso: no nos distraemos, no respondemos al e-mail, no respondemos a llamadas telefónicas, o, si lo hacemos, le anunciamos a quien nos llama que nos pondremos en contacto con él un poco más tarde.

Las personas que prueban el trabajo por bloques de tiempo descubren pronto que tareas que antes les llevaban una hora de tiempo, ahora las hacen en treinta minutos. La pregunta no es «¿cuánto tiempo tardo en hacer esto?», sino «¿cómo puedo hacer esto en este tiempo?». Lo que estamos haciendo, en definitiva, es potenciar nuestra capacidad de focalizarnos en una tarea, algo que nos falta habitualmente, especialmente en un mundo con hiperinformación, múltiples interrupciones y en el que nuestra fuerza de voluntad se ve tentada constantemente por pequeños placeres en forma de redes sociales, comida y un largo etcétera.

9. Seamos rígidos en ocasiones, pero fluyamos

Aunque la rigidez nos va a ayudar a ser productivos, también debemos tener en cuenta que estamos en nuestra casa, con las personas que más queremos cerca de nosotros. No se trata de ser productivo y dejar de atender totalmente las peticiones de nuestros hijos o de nuestra pareja. Se trata, en definitiva, de saber cuándo sí o cuándo no es el momento de atender a esas peticiones y poder hacer un descanso en nuestra rutina de teletrabajo. Nuestra familia nos va a pedir también una parte del 20% o 30% del tiempo que hemos planificado, y tendremos que hacer de padre, madre, marido o mujer.

10. Seamos amables con nosotros mismos

El último consejo tiene que ver con la herramienta más importante, precisa, valiosa y efectiva que existe, nosotros. La amabilidad con nosotros mismos es fundamental para lograr que el teletrabajo sea realmente efectivo y que podamos proyectar a largo plazo.

En primer lugar, la amabilidad tiene que ver con ser tolerante con nosotros mismos, con el hecho de no haber llegado al 100% de las metas establecidas. Hay que ponerle método al teletrabajo —ya se ha hablado de esto en repetidas ocasiones—, pero si cumplimos con todo lo que hemos comentado y todavía no hemos llegado a cumplir al 100% nuestras metas, tampoco debemos castigarnos o culparnos. Simplemente ajustemos nuestro sistema. Quizás tengamos que ser más realistas los próximos días, evitar más interrupciones o ser más disciplinados, pero culparnos no es nunca una buena solución para volvernos más productivos. Podemos decirnos a nosotros mismos: «Hoy no he llegado a mis objetivos. ¿Qué puedo hacer diferente mañana?».

La amabilidad contigo mismo también tiene que ver con cuidar los pequeños hábitos que van a lograr que tengas una buena salud física y mental durante el día de teletrabajo. En concreto hay tres hábitos que te pueden ayudar (a todos ellos este libro dedica un capítulo):

Ejercicio físico. Integrar entre veinte y cuarenta minutos de ejercicio diario a nuestro día hará que nos sintamos con más energía y aumentará nuestra fuerza de voluntad. El movimiento nos hace más productivos, y podemos hacer en casa algo de ejercicio a través de los múltiples canales disponibles en YouTube, con rutinas de entrenamiento para hacer desde nuestra vivienda. No obstante, quizás nos apetezca salir de casa para dar un paseo, ir a un centro deportivo o a hacer running, todo ello hará que tengamos más energía para nuestro día de teletrabajo. Especialmente a primera hora del día, el ejercicio físico hace que tengamos un día más productivo.

Alimentación. Cuidar nuestra alimentación es la mejor forma de ser amable con nosotros mismos. Al teletrabajar se reduce considerablemente la energía que gastamos, ya que no salimos de casa, no nos desplazamos y no nos movemos tanto. Esto puede hacer que, con el tiempo, y la nevera tan cerca, podamos ganar peso o adquirir malos hábitos. Al teletrabajar tenemos que cuidar nuestra alimentación más que nunca: beber mucha agua, tomar alimentos frescos, evitar alimentos procesados que contengan azúcares añadidos o excesiva sal, evitar picar y cuidar las cantidades.

Meditación. Meditar es una de las herramientas más poderosas que existen para hacer limpieza mental, serenar la mente y aprender a enfocarnos. Una de las buenas prácticas de los mejores teletrabajadores es dedicar diez minutos al comienzo del día a meditar. Es un momento en el que centrar la atención en uno mismo, respirar conscientemente para calmarse y empezar a enfocar la energía en la dirección correcta. Muchas personas aprovechan los últimos minutos de esa meditación para visualizar aquello que harán durante el día. Es como comenzar a darle forma al día que empieza, estableciendo nuestras intenciones y objetivos para el día. Se ha demostrado científicamente que las personas que meditan tienen mayor capacidad de foco, más felicidad, creatividad y empatía; todas ellas cuestiones muy importantes para cualquier profesional.

Cuidar de nosotros mismo durante el teletrabajo hará que nos sintamos más felices y con la sensación tan positiva de estar haciendo realidad nuestros objetivos. No olvidemos que nosotros somos nuestra herramienta principal, y cuando estamos bien, todo está bien.

04

Cómo influyen las emociones y la inteligencia emocional en el teletrabajo

Pedro Martínez Ruiz

Desde hace años me dedico profesionalmente al mundo del desarrollo personal, entre otras cosas al precioso mundo de la formación en distintas organizaciones, entidades, escuelas de negocios o universidad. Durante años, he tenido el placer de aportar y compartir cosas con miles de personas, y en la mayoría de ocasiones, aunque voy a formar, vuelvo aprendiendo cosas del grupo en el que he tenido la suerte de haber compartido formación. Siempre me ha gustado innovar, hacer la formación dinámica y divertida. Está demostrado científicamente que el cerebro aprende más cuando está activo y cuando hay emoción.

«El cerebro solo aprende si hay emoción».
Francisco Mora

La cuestión es que si me hubieran preguntado hace unos años cómo era la forma de impartir las formaciones, hubiera respondido que el 100% de la formación que impartía era presencial, pero desde hace unos años me he ido adaptando a los nuevos tiempos, a las organizaciones y entidades con las que trabajo y, sobre todo, a las personas. Actualmente mucha de la formación que imparto es presencial, pero también trabajo desde casa, donde alterno la formación con sesiones de coaching o de consultoría *online*. Incluso en mi agenda mensual, hay días agendados para poder trabajar a distancia y alternar el trabajo con un poco de descanso o con algún viaje. Desde hace tiempo es habitual que realice las sesiones por Zoom o Skype, así como las mentorías como mentor de proyectos en la EOI (Escuela de Organización Industrial) u otras formaciones que imparto a través de una plataforma propia (www.masqueformacion.com) Todo esto ha sido para mí una oportunidad de llegar a más personas, a la vez que es sinónimo de libertad.

El teletrabajo implica una flexibilidad horaria, la capacidad de que cada persona, dependiendo de su situación familiar y laboral, e incluso de su cronobiología (si rinde más por la mañana, por la tarde o por la noche) pueda establecer una serie de momentos de trabajo, porque no tiene que trabajar en un horario continuo. Diferentes estudios han demostrado que España, con 8 horas de trabajo por día y trabajador, es uno de los menos productivos de la Unión Europea. Por lo tanto, el teletrabajo propone que el trabajador debe ir cubriendo determinadas tareas que, en principio, deberían ir marcadas por los equipos directivos, en el tiempo que necesiten. Es como si pensamos en el periodo universitario: había gente que estudiaba mejor por la mañana y otra por la noche, pero en ambos casos se aprobaba. O había personas que conseguían memorizar un tema en una hora y otras, en tres. Pues esto se traslada también al trabajo. El teletrabajo es exactamente eso, poder adaptar a tus ritmos laborales, familiares y cronobiológicos la posibilidad de conciliar tu vida personal y profesional, y ser consciente de cómo puedes trabajar para tener una mayor eficiencia de manera remota estés donde estés. Para poder compaginar todo esto, existen dos claves fundamentales: una es el aprendizaje constante y otra es la adaptación al cambio.

Vivimos en un entorno VUCA (volátil, incierto, complejo y ambiguo), en el que todo sucede muy rápido, hay incertidumbre e imprevistos. Todo acontece demasiado rápido y estamos híperconectados, rodeados de *inputs*, interruptores e interferencias constantes.

En el año 2010 se realizó un estudio en la Universidad de Harvard, "Divagación mental e infelicidad", en el que se sacaron, entre otras, las siguientes conclusiones:
- El 47% del tiempo nuestra mente divaga.
- El 70% de los líderes reconocieron que son incapaces de estar atentos en todo momento a lo largo de las habituales reuniones.
- Tan solo el 2% dedica tiempo a mejorar y entrenar su atención y a formarse en inteligencia emocional.

Una de las claves a la hora de teletrabajar de una mejor forma es la manera que tenemos de gestionar nuestras emociones. La inteligencia emocional muestra la capacidad de conocer, comprender y gestionar de forma adecuada las propias emociones, y también, la capacidad de comprender a los demás. Esta es una de las razones por las que la inteligencia emocional tiene tanto peso en todos los aspectos de nuestra vida diaria. Por supuesto también en nuestro trabajo, en una empresa y en la relación con los compañeros y los clientes. Las emociones son igual de importantes, y más si cabe, en el teletrabajo, pues muestra una nueva forma de relación de un trabajador consigo mismo. Y la buena relación con nosotros mismos, con nuestros pensamientos y nuestras emociones, serán parte de la clave de nuestro éxito.

Las emociones determinan nuestra forma de vivir, de enfrentarnos a cada situación que surge en nuestro día a día. En función de nuestro autoconocimiento, autogestión y automotivación (competencias clave de la inteligencia emocional), serán nuestras reacciones, comportamientos y actitudes de nuestro día.

Evitad encerraros en vosotros mismos

Uno de los riesgos de pasar tantas horas trabajando desde casa, con la sensación de estar lejos del mundo, es que el trabajador puede llegar a encerrarse en sí mismo frente a la máquina. Existen personas que al encerrarse en sí mismas dejan de entrenar sus habilidades sociales cara a cara y no se sienten cómodas en ciertos planes. Para no terminar encasillado en el rol de trabajador virtual que contacta con los compañeros de trabajo a través de correo electrónico, es muy importante buscar ámbitos en los que también podamos estar presencialmente dentro de un grupo. Las actividades de voluntariado, los cursos de formación, eventos de networking o espacios como los coworking, favorecen este tipo de contexto tan necesario a nivel emocional. No perder la costumbre de relacionarnos en el trato directo del tú a tú es de vital importancia para realizar una entrevista de trabajo, hacer nuevos contactos de empleo o llegar a trabajar, en algún momento, para una nueva empresa.

Algunas claves para automotivarnos y organizarnos mejor

Creemos nuestro propio espacio: Alineado a la estabilidad emocional, mi recomendación es que tengamos o nos creemos nuestro propio espacio. Busquemos un rincón de la casa en el que nos sintamos a gusto, a ser posible luminoso, en el que podamos tener a mano todas nuestras herramientas de trabajo, y marquémonos un horario que cumplir cada día.

Entorno agradable: Un entorno agradable favorece las emociones positivas. Si es posible, a la hora de crear nuestro propio espacio, procuremos que este tenga luz natural, que tenga una ventana o punto de ventilación y, a ser posible, que esté lo más aislado posible del resto de la casa. Todo esto que parecen cosas sencillas son factores que favorecerán las emociones positivas.

Vistámonos como si fuéramos a la oficina: No caigamos en la tentación de ponernos a trabajar en pijama. Hagamos el mismo ritual que si fuéramos a salir a la oficina; será la mejor forma de poner nuestro cerebro en modo trabajo. Yo, por ejemplo, cuando imparto alguna de las formaciones, mentorías o entrevistas por Skype, suelo vestirme con pantalones chinos y una camisa. Realmente, para mí es importante ir vestido de la misma forma que iría a impartir esa formación o a recibir o visitar a esa persona. Uno de los enemigos del teletrabajo es la falta de organización, o peor aún, la procastinación. O lo que es lo mismo, postergar, retrasar y dejar de lado algunas tareas, que casualmente son las que menos nos gustan hacer, bien por dificultosas, aburridas o porque no se nos dan bien.

Planifiquémonos: Para tener una mayor tranquilidad emocional, lo recomendable es que nos planifiquemos. Debemos hacernos un plan de trabajo semanal y desgranarlo por objetivos diarios. Pensemos que esos objetivos tendrán que ser alcanzables en el tiempo de trabajo que nos hayamos marcado. Recordemos que trabajar desde casa no significa que tengamos que estar el día completo trabajando, y eso puede ocurrirnos si no planificamos.

Descansemos: Para mí tan importante es que nos planifiquemos como tener derecho a descansar para reponer energía. Para recuperar el cuerpo (la postura corporal) y la mente. Por eso os recomiendo que realicéis pausas de vez en cuando. Al igual que cuando estamos en la oficina en algún momento hacemos un pequeño descanso y aprovechamos para tomarnos un café, hagamos lo mismo en casa y desconectemos unos minutos. Es recomendable que las pausas que queramos hacer estén incluidas en el horario que nos marquemos. Aunque también es bueno ser flexible y adaptar las pausas al finalizar una tarea, aunque esté fuera de nuestro horario previsto.

Pidamos ayuda y colaboración: Quizás trabajemos solo desde casa pero quizás en algunos momentos estemos rodeados por miembros de nuestra familia. Si es así, pidámosles colaboración. En el caso de que la familia esté también en casa, podemos organizarnos, si fuera posible, para que dos estemos ocupados en el mismo horario (deberes, tareas domésticas...). Esta es una oportunidad si tenemos hijos: inculcar a los niños valores como la disciplina, el trabajo en equipo o la responsabilidad. En el caso de que los niños sean muy pequeños, los adultos podremos hacer turnos para atenderlos, así todos tendremos tiempo para nuestras responsabilidades laborales.

Mantengamos el contacto: Trabajar fuera de la oficina no significa estar desconectado. Es muy importante estar en contacto con los miembros del equipo, por supuesto por correo electrónico o a través de conversaciones telefónicas, aunque es conveniente planificar alguna reunión por videoconferencia con el equipo al completo, ya que, además de favorecer la comunicación entre nosotros, nos aseguraremos de que trabajamos alineados y, sobre todo, será la forma más cercana al contacto físico. Viéndonos sabremos cómo nos encontramos cada uno para poder apoyarnos en caso de necesidad.

La importancia del autocuidado: Debemos cuidarnos mucho para estar siempre motivados y descansados. Disfrutemos de nuestro tiempo "extra". Y recordemos que ahora dispondremos del tiempo que antes invertíamos en desplazamientos de ida y vuelta a la oficina, así que aprovechemos para hacer todo lo que antes no podíamos hacer. Podemos dedicar el tiempo a hacer deporte o a jugar con los niños, aunque también podemos reservar unos momentos para nosotros, como darnos un baño relajante o rescatar alguna afición que teníamos casi olvidada.

La importancia del autocontrol en el teletrabajo

Una de las competencias clave de la inteligencia emocional es el autocontrol, y es importante tener consciencia de la importancia que tiene en el trabajo. De modo que, si es necesario, debemos desarrollarla aún más. En el teletrabajo estamos con nosotros mismos. Es decir, la relación que tenemos con nosotros mismos es de vital importancia, puesto que implica el desarrollo de la disciplina y la fuerza de voluntad más allá de cual sea el estado de ánimo del momento. Para romper la rutina en el teletrabajo, podemos trabajar con nuestro ordenador algunos días a la semana desde algún lugar tranquilo pero transitado, o en una biblioteca con conexión wifi. Nos sentiremos un poco más acompañados y nuestra jornada de ese día será totalmente diferente. Es importante que entendamos que de esa autogestión, que nace del autoconocimiento, y de la capacidad de automotivarnos, dependerá nuestra organización, nuestra disciplina y nuestra gestión del tiempo, que van a ser esenciales para que el reto del teletrabajo dé los resultados que las empresas esperan.

Los procesos de autorregulación son mecanismos que utilizamos los seres humanos para regularnos a nosotros mismos de forma consciente, voluntaria y controlada. Dichos mecanismos son utilizados a diario no solo en el ámbito laboral, sino que forman parte de los procesos fundamentales de la vida en familia, en comunidad y demás círculos sociales. Ahora bien, en el contexto laboral, y en el caso específico del teletrabajo, los procesos autorregulatorios son fundamentales en tanto las personas son conscientes de sus responsabilidades, sin necesidad de estímulos externos que los impulsen a realizar las tareas asignadas.

El teletrabajo requiere de esa capacidad de autorregulación, para que las personas, sin importar que estén en su casa o en otro lugar que les proporcione comodidad, puedan llevar a cabo las mismas funciones que realizarían en la organización. En este caso, las personas deben administrar el tiempo de manera efectiva y cumplir con los objetivos planteados, mientras que la organización se enfoca en los resultados obtenidos, más allá del espacio o circunstancias en que se ha realizado dicha labor.

Como anteriormente he mencionado, las emociones determinan nuestra forma de vivir, la de enfrentarnos a cada situación que surge en nuestro día a día. En función de nuestro autoconocimiento, autogestión y automotivación, todos ellos competencias clave de la inteligencia emocional, serán nuestras reacciones, comportamientos y actitudes. De esa autogestión, que nace del autoconocimiento y de la capacidad de automotivarnos, dependerá nuestra organización, nuestra disciplina y nuestra gestión del tiempo, que van a ser esenciales para que el reto del teletrabajo dé los resultados que las empresas esperan. En las formaciones que imparto, comento la importancia de realizar constantes y profundos procesos de autoconocimiento e internalización que nos faciliten el descubrimiento de las fortalezas y debilidades propias. Hacer esto es síntoma de mejora y crecimiento personal. Esto es debido a que el desarrollo de la autorregulación toma mucha más importancia en tanto la persona reconoce de forma consciente cuáles son las situaciones que le detonan angustia, ira y miedo, entre otras, y procede de forma espontánea a autorregularse para tener control de nosotros mismos y de la situación que enfrentamos. A pesar de que muchas organizaciones cuenten con sus políticas, códigos o reglamentos que garanticen el seguimiento de los procesos de teletrabajo por parte de sus trabajadores, es importante que los colaboradores no dependan exclusivamente de estos para realizar sus funciones de manera adecuada e íntegra. Es a través de procesos de autorreflexión que deben generar sus propios mecanismos para garantizar el ejercicio de sus funciones de una forma adecuada a lo largo de su jornada laboral desde su casa. En este sentido, se tiene que entender que quienes se acojan a esta modalidad de empleo, deben tener mayor organización de sus tareas y evitar distracciones para cumplir con los objetivos. En caso de no administrar su tiempo y priorizar sus tareas, el teletrabajo podría transformarse en una pesadilla, generando exceso de horas de trabajo extra, escasas relaciones interpersonales y laborales, poca movilidad física y cambios en los horarios de alimentación, entre otros factores que podrían ser perjudiciales.

La cultura de la autorregulación en las organizaciones

Es común que en las organizaciones se den restructuraciones internas, donde es común que existan cambios en los equipos directivos y los departamentos queden sin un líder establecido. Bajo estas circunstancias, los procesos de autorregulación son fundamentales en tanto los colaboradores no deberían requerir una figura de mando para poder cumplir con sus funciones diarias, horarios, tiempos de alimentación y demás aspectos regulatorios. Por esta razón, resulta de mucha utilidad incluir dentro de la cultura organizacional la modalidad de teletrabajo, ya que este sistema fomenta los procesos autorregulatorios y facilita la adaptación a cambios de diferente índole. En este sentido, los procesos de autorregulación deben desarrollarse con miras a que sean parte de la cultura organizacional de cada entidad, ya que constituyen una competencia vital para el óptimo funcionamiento de las organizaciones. Quienes quieran poner en práctica esta competencia, deben tener un alto sentido de compromiso con la organización para promover iniciativas autorregulatorias por medio de códigos, formación de alianzas entre departamentos, apertura para aprender y enseñar sobre las diferentes áreas de la organización, internalización de habilidades, fortalezas y aportes del personal, que estén orientados a construir y ser parte de una cultura autorregulatoria que tenga como fin generar mejores prácticas organizacionales. Parte del desarrollo de este tipo de proyectos es la prevención y detección oportuna de las diferentes amenazas que pueden traer abajo el esfuerzo realizado, como lo son los mecanismos de sabotaje que apuntan a la pérdida de tiempo, falta de comunicación con la organización u otros compañeros, y horas de esfuerzo extra para cumplir con las metas propuestas.

Parte fundamental del éxito en los programas de teletrabajo es el seguimiento de pautas que garanticen la permanencia del mismo por un tiempo prudente, como lo es el establecimiento de un horario de trabajo, ya que aunque se trabaje desde casa, es necesario mantener la misma disciplina para trabajar y establecer tiempos de descanso y alimentación. Todos cargamos con experiencias del pasado que nos han modelado hasta ser lo que somos hoy. El problema aparece cuando dejamos que esas experiencias del pasado, que en algún caso pudieron ser dolorosas, nos condicionen. No dejemos que ese dolor esclavice nuestra vida, ya que poco a poco acabará transformándose en miedos. Aprendamos lo que podamos de esa mala experiencia que vivimos y sigamos adelante. Esa actitud es la que va a ayudar a nuestra automotivación. Hay muchas cosas positivas que están ocurriendo en el mundo, seámos conscientes de esto, ya que eso favorecerá construir una actitud de esperanza y confianza. Lo que nos diferencia a unos de otros es la capacidad de luchar tolerando la ansiedad de la espera, de postergar la gratificación, en lugar de abandonar cuando nuestro objetivo nos supone un esfuerzo personal.

¿Cómo influyen las emociones en la toma de decisiones?

En muchas ocasiones en las que debemos tomar decisiones importantes, como es en el trabajo, procuramos usar la razón, pero nuestras emociones y nuestros sentimientos están latentes, y no podemos evitar actuar dejándonos llevar por las emociones en determinadas situaciones por la presión de los sentimientos. El objetivo sería conseguir que razón y emoción estén en sintonía, es decir, a la par, con el beneficio que ello puede aportar a la propia tarea en sí de la toma de decisiones. Decidir conlleva el riesgo de equivocarse, pero es algo inevitable que debemos hacer, incluso cuando decidimos no decidir estamos tomando una decisión. Cuanto más importante y crítica sea la determinación que debamos tomar, mayor importancia tendrán las emociones y el control que tengamos sobre estas. Las sensaciones que tenemos a nivel corporal cuando tenemos que tomar alguna decisión son señales que el cerebro emocional nos envía para alertarnos de posibles peligros o, por el contrario, para anunciarnos algo positivo. Si contamos con una alta inteligencia emocional, las señales serán claras, precisas y nos orientaran hacia el éxito; si no tenemos conocimiento y control sobre nuestras propias emociones, las señales que nos lleguen serán confusas, contradictorias e, incluso, a veces completamente erróneas. Por ello, es muy importante saber reconocer las emociones que sentimos en el momento exacto y controlarlas. El control de las propias emociones es decisivo de cara al éxito en todas las actividades de la vida. En definitiva, debemos tener la capacidad de autocontrol, para así poder controlar las propias emociones y que no sean estas las que nos controlen a nosotros.

Estas son algunas sencillas estrategias para regular las emociones y de esta manera mejorar nuestro autocontrol.

De regulación activa de la emoción.

- Reducción de la tensión: relajación, manejo del estrés, meditación.
- Aumento de energía: ejercicio físico.
- Control mental: poner nuestros sentimientos en perspectiva.

Basadas en la búsqueda de actividades placenteras y distractoras.

- Desarrollar una afición.
- Escuchar música.
- Salir a pasear.

De apoyo social, descarga emocional y gratificación.

- Llamar por teléfono.
- Hablar o estar con alguien.
- Actividades de desahogo emocional: llorar, gritar,...

Debemos comprendernos, comprometernos y perfeccionarnos

Cuando la motivación nace de nuestro interior nos fortalecemos. El hecho que pensemos que una cosa es agradable, hacerla es lo que hace que esa cosa sea agradable, y no la cosa en sí. Nuestros pensamientos condicionan las acciones que realizamos y, por tanto, nuestra vivencia respecto a ellas. El cómo vivimos las cosas se genera en nosotros, no depende ni está sujeta a terceras personas, es lo que nos impulsa en nuestra vida. Conectar con el sentido de por qué hacemos lo que estamos haciendo es muy efectivo a la hora de mantenernos motivados. Hace falta compromiso y TENER MUY CLARAS NUESTRAS METAS si queremos sobrevivir a los estímulos externos, muchos de ellos pesimistas. Nosotros mismos somos la pieza clave para fomentar nuestros niveles de motivación. Para tener éxito y conseguir nuestros objetivos tenemos que ser perseverantes y no rendirnos ante los obstáculos que se presenten; nuestro esfuerzo merecerá la pena y se verá recompensado. Recapacitemos sobre si tenemos el nivel de estimulación adecuado para abordar esos objetivos, cuando en el trabajo hacemos las cosas porque las tenemos que hacer, porque nos gusta lo que hacemos y disfrutamos con ello, o porque no nos queda otra y solo nos anima el dinero que vamos a ganar haciéndolo. Si cuando nos planteamos una meta nos vamos animando con cada parte del camino recorrido, si los problemas o contratiempos los vivimos como un desafío, si cuando hemos tenido un éxito nos sentimos orgullosos de nosotros mismos aunque no lo destaquen otras personas, si tenemos claro que las cosas que requieren un esfuerzo son las que realmente merecen la pena y después más valoramos, estaremos más cerca de la motivación necesaria para conseguir nuestras metas en la vida.

Respecto a la motivación en el teletrabajo, está claro que el bienestar laboral está íntimamente relacionado con la productividad. Pero según muestran algunos estudios, más del 50% de los trabajadores no hacen nada para formarse, no dedican tiempo a mejorar la situación de su forma de trabajar y de su propio bienestar, a pesar de la evidente relación existente entre el bienestar laboral y el rendimiento profesional. Todo cambiaría si cambiáramos la preocupación por la ocupación, si dejáramos de quejarnos y buscáramos mejoras. Puede parecer una obviedad, pero esta es una de las claves para ser feliz. La mejor manera de ganarle la batalla a la frustración es dejar de pensar constantemente en lo que nos gustaría tener y no tenemos. Ser ambicioso puede ser bueno pero con control, para no caer en la insatisfacción. Gozar de un buen ambiente en el trabajo es uno de los factores que más inciden sobre el bienestar de las personas. Tanto lo bueno como lo malo se contagia, así que, debemos rodearnos de un entorno positivo, de hábitos saludables y con relaciones laborales, dentro de lo posible, vitales y entusiastas. Esto mejorará nuestro estado de ánimo y la manera de enfrentarnos a la jornada laboral y a la vida. Convirtamos el optimismo en nuestra bandera y recordemos que estar motivado es una cuestión de actitud.

Para ampliar las ideas aquí expuestas, comparto con vosotros los pensamientos de otras personas y así tener una idea más global y próxima a la realidad. He realizado dos preguntas a varias personas que han tenido que adaptar su forma de trabajar, habitualmente presencial, al teletrabajo. Estas son las preguntas:

- ¿Cuáles son las principales dificultades que te has encontrado, o cuáles son las cuestiones que te gustan menos a la hora de trabajar desde casa?

- ¿Cuáles son las principales ventajas o beneficios que le has encontrado al teletrabajo?

Raquel Arellano Díaz. Psicóloga del Ayuntamiento de Alcázar de San Juan

1. ¿Cuáles son las principales dificultades que te has encontrado, o cuáles son las cuestiones que te gustan menos a la hora de trabajar desde casa?

En dificultades, la principal fue a adaptarme a la nueva rutina y poder compatibilizar el trabajo con las tareas de mi hijo. Otra dificultad es que corres el riesgo de aislamiento social. Hay que mantener el contacto con compañeros y colaboradores. Hay que mantener reuniones periódicas a través de las distintas plataformas digitales, para no caer en ese aislamiento. En nuestro caso, las reuniones de equipo son fundamentales, las realizamos cada dos días a través de videoconferencia.

2. ¿Cuáles son las principales ventajas o beneficios que le has encontrado al teletrabajo?

Una vez te adaptas y estableces una rutina, tiene numerosas ventajas, como la libertad de organización del tiempo, priorizando las tareas más importantes en cada momento. En mi caso, favorece la flexibilidad y la conciliación familiar. Me permite organizar el tiempo que dedico a las diferentes tareas y no tener que perder tiempo, por ejemplo, en los desplazamientos.

Héctor Alfaro. Funcionario del Estado.

1. ¿Cuáles son las principales dificultades que te has encontrado, o cuáles son las cuestiones que te gustan menos a la hora de trabajar desde casa?

Las principales dificultades en mi caso han sido técnicas, ya que nos han instaurado el teletrabajo en pocos días y a marchas forzadas, y muchos de los trabajadores no teníamos los equipos operativos para teletrabajar. Lo que menos me gusta es no sentir la cercanía de un compañero para echar o echarte una mano en lo que necesites.

2. ¿Cuáles son las principales ventajas o beneficios que le has encontrado al teletrabajo?

Las principales ventajas son, sobre todo, la conciliación con tu vida personal, flexibilidad de horarios, evitar desplazamientos, atascos, etc. En definitiva, una optimización del tiempo que, desde mi punto de vista, es lo más importante.

Juan Carlos Fernández. Abogado. CEO de Tecnogados (www.tecnogados.com)

1. ¿Cuáles son las principales dificultades que te has encontrado, o cuáles son las cuestiones que te gustan menos a la hora de trabajar desde casa?

La dificultad, hasta este momento en el que todos nos hemos visto obligados a teletrabajar, era la excesiva importancia que se le da al trabajo presencial, donde los profesionales tienen que invertir más de una hora de tiempo en ir a reuniones. Como estamos viendo actualmente, muchas de ellas se hubieran podido realizar a través de videoconferencias. Y esto no quiere decir que todo tenga que hacerse a través de medios digitales, pero sí valorar cuándo existe la necesidad de reunir al equipo o cuándo las reuniones se pueden hacer de forma telemática. Lo que menos me gusta de trabajar desde casa es que te pierdes ese contacto humano que, ahora más que nunca, echamos de menos. Muchas de las personas que trabajan en remoto, que no es lo mismo que el teletrabajo, buscan espacios, tipo coworking, para evitar que sus trabajadores se aíslen en la soledad del hogar, logrando así combatir el aislamiento.

2. ¿Cuáles son las principales ventajas o beneficios que le has encontrado al teletrabajo?

La digitalización, la conexión y la movilidad hacen que muchos profesionales y profesiones se puedan llegar a ejercitar desde prácticamente cualquier lugar. La gran ventaja, por ejemplo, para mí, es poder vivir en una pequeña ciudad, con los beneficios que eso tiene, y sin embargo poder llegar a las empresas o clientes a través de internet. Si a eso le unes que tu oficina es el salón de tu domicilio, tienes un doble ahorro, que puedes repercutir en el coste de tus servicios, que no tiene por qué ser en la calidad del trabajo. Y por último, el gran beneficio sería la libertad de horarios, con la facilidad de poder conciliar vida profesional y personal.

Las ventajas e inconvenientes que amablemente han compartido estas personas se asemejan a algunos puntos de los que se han comentado en este capítulo, y posiblemente a los que podáis tener vosotros también en mente. Como conclusión deciros que a la hora de teletrabajar es importante cuidar nuestro cuerpo y, sobre todo, nuestra mente. Son importantes los pensamientos que tenemos y las emociones que ellos nos generan. Recordar que la inteligencia emocional y la gestión de las emociones son factores importantes en nuestro día de trabajo y en la toma de decisiones en las distintas situaciones a las que nos enfrentemos. Para ello he querido compartir a lo largo de este capítulo pensamientos, recomendaciones y claves para ayudaros a ello. Para finalizar, también he querido compartir con vosotros algunas lecturas recomendadas y algunos vídeos, para que podáis ampliar información si así lo deseáis.

Bibliografía recomendada

Inteligencia Emocional en el trabajo (Daniel Goleman) Ed. Kairós
Organízate con estilo (Carol García) Editorial Amat
El poder del NO (James al tucher y Claudia Azula al Tucher) Ed. Conecta
Desarrolla todo tu potencial. (Pedro Martínez Ruiz) Editorial Amat
Qué harías si no tuvieras miedo. (Borja Vilaseca). Conecta Editorial

Vídeos recomendados

Charla TED: ¿Qué pasa dentro de la mente de un procrastinador? (Subtítulos Español) https://youtu.be/rQ4HyJLcvYg
DesdeLaNube - Documental sobre Teletrabajo https://youtu.be/MCeXKyh5sVI

05

Gestión de personas y equipos

Marcos Álvarez

- Entender el nuevo entorno competitivo.
- Desarrollar un nuevo modelo de management.
- Incorporar nuevas formas de liderar.
- Aplicar metodologías ágiles.
- Usar nuevas métricas.

Los acontecimientos derivados de la pandemia del COVID-19 han empujado, de manera casi definitiva, hacia la digitalización masiva de las organizaciones y de los métodos de trabajo con equipos en el interior de las empresas. En la última década hemos observado como, de una manera gradual, se iban incorporando herramientas como el trabajo en la nube (OneDrive, de Microsoft, o Google Drive, de Google), las aplicaciones de teleconferencias (Skype, Hangouts, Zoom...), o aquellas para la gestión de proyectos colaborativos (Trello).

El gran error, a mi entender, de la mayoría de muchas organizaciones es pensar que con incorporar estas herramientas a las prácticas habituales de gestión de equipos se estaba avanzando en la digitalización de la compañía. En realidad, un proceso en el que las personas puedan trabajar de manera mucho más ágil, aportar un mayor conocimiento gracias al trabajo colaborativo y simultaneo, y mejorar la eficiencia de la toma de decisiones requiere una transformación muchísimo más profunda que la mera descarga de unas aplicaciones en las pantallas (teléfonos, tablets u ordenadores) de los trabajadores. Para poder gestionar hoy en día equipos desde la distancia es necesario acometer cambios a distintos niveles organizativos, empezando por entender los nuevos entornos competitivos en los que se mueven las empresas y poner en cuestión la cultura actual de la organización y los distintos modelos de liderazgo. Sin un cambio profundo en estos pilares fundamentales, la implantación de herramientas o procesos de trabajo, con absoluta seguridad, fracasarán.

Entender el nuevo entorno competitivo

En un mundo en el que tienden, cada vez más, a prevalecer las relaciones en red por encima de las clásicas estructuras jerárquicas, donde las decisiones se tienen que tomar cada vez con más rapidez, encontrar mecanismos que limiten la complejidad en la toma de decisiones es cada vez más importante. El marco *Cynefin* (Dave Snowden) clasifica los problemas que enfrentan los líderes en cinco contextos definidos por la naturaleza de la relación entre causa y efecto. Cuatro de ellos —simple, complicado, complejo y caótico— requieren que los líderes diagnostiquen las situaciones y actúen de manera contextualmente adecuada. El quinto —desorden— se aplica cuando no está claro cuál de los otros cuatro contextos es el predominante. Analicemos cada uno de ellos:

Dominio simple: En este dominio se opera con problemáticas simples. Es muy fácil identificar las causas y sus efectos. Por lo general, la respuesta correcta es clara, conocida por todos e indiscutible. En este dominio existen las mejores prácticas, «soluciones conocidas para problemas conocidos». Los procesos más eficientes en este dominio son aquellos que especifican una serie lógica de pasos y se ejecutan de manera repetitiva, una y otra vez. Los procesos en los contextos simples son estables y no suelen sufrir cambios a lo largo del tiempo. Esto permite órdenes ejecutivas directas, delegación fiable y tareas automatizadas.

Dominio complicado: En este dominio encontramos problemas complejos, buenas prácticas y perfiles expertos. Hay múltiples soluciones correctas para una misma problemática, pero se requiere la aportación de expertos para poder identificarlas. Se necesita experiencia y capacidad de análisis, y para ello, como norma general, se va a requerir expertos, consultores que ayuden a los líderes a tomar las decisiones correctas. Un bloqueo de los expertos en su tarea de encontrar respuestas para la toma de decisiones puede llevar a la organización a una parálisis por análisis.

Dominio complejo: Cuando nos enfrentamos a problemas complejos, los resultados se vuelven más impredecibles. No existen ni mejores ni buenas prácticas catalogadas para las situaciones frente a las cuales nos podemos encontrar. Simplemente, no sabemos con anticipación si una determinada solución va a funcionar. Solo podemos examinar los resultados y adaptarnos. Este es el dominio de las prácticas emergentes. Las soluciones encontradas rara vez son replicables, con los mismos resultados, a otros problemas similares. Para poder operar en la complejidad necesitamos generar contextos donde haya lugar para la experimentación y donde el fallo sea de bajo impacto. Se requieren niveles altos de creatividad, innovación, interacción y comunicación. La única respuesta viable en un contexto complejo son los ciclos de prueba y error, para recabar información y buscar respuestas. Los líderes de estas organizaciones deben someter a este ciclo de prueba y error diferentes alternativas, siempre con un riesgo controlado para evitar consecuencias negativas.

Dominio caótico: Los problemas caóticos requieren una respuesta inmediata. Estamos en crisis y necesitamos actuar de inmediato para restablecer cierto orden. Según Snowden, en estas situaciones de crisis lo adecuado es crear dos equipos de trabajo: uno dedicado a la gestión de la crisis propiamente dicha, con el fin de contener la situación, y otro dedicado a buscar qué oportunidades se pueden desprender de la situación de crisis. De esta manera, la crisis caótica se puede convertir en una fuente de innovación que pueda, o bien mejorar la organización una vez solventada la crisis, pues durante una crisis aguda se interrumpe el funcionamiento habitual para encontrar otras formas alternativas que, una vez solventada la crisis, no se suelen aprovechar; o también extraer un aprendizaje que prevenga la aparición de crisis en el futuro.

Dominio desordenado: Nos movemos en el espacio desordenado cuando no sabemos en qué dominio estamos. Se lo clasifica como una zona peligrosa, ya que no podemos medir las situaciones ni determinar la forma de actuar. Es muy típico en estas situaciones que las personas interpreten las situaciones y actúen en base a preferencias personales. El gran peligro del dominio desordenado es actuar de manera diferente a la que se necesita para resolver ciertos problemas. Si nos encontráramos en el espacio desordenado, todo lo que hagamos debe estar enfocado netamente a salirnos de ese espacio hacia uno mejor identificado, para luego actuar de la manera en que dicho dominio lo requiera.

Desarrollar un nuevo modelo de *management*

Debemos ser capaces de direccionar los esfuerzos y el talento de las personas de las empresas hacia la consecución de relaciones excelentes duraderas con los clientes. Para ello deberemos crear un entorno de trabajo, física y culturalmente, propicio para que las personas estén dispuestas a aportar el máximo en el proceso de innovación continua y de generación de experiencias. Gary Hamel, gurú internacional del *management*, propone las siguientes soluciones:

1. Aumentar las libertades de los trabajadores de la organización de forma que el entorno sea propicio para el desarrollo de la innovación. En palabras llanas, delegar sin sacrificar la disciplina y el orden.

2. Hacer crecer el espíritu de comunidad que una a las personas de la organización y eliminando la burocracia que frene el proceso de la innovación.

3. Ampliar el sentido de misión y propósito de forma que sea justificable la participación voluntaria y extraordinaria de los trabajadores.

El vertiginoso ritmo al que cambian las organizaciones es fuente del nacimiento de muchas de las metodologías y modelos que se han implementado para transformar la manera en cómo se hacen y venden los productos y cómo se llega al cliente. Esta transformación ha significado nuevas formas de organizar y de liderar, pero en la base siempre están las mimas preguntas: ¿Cómo motivar a los empleados? ¿Cómo favorecer la colaboración entre personas y departamentos? ¿Cómo crear relaciones fructíferas con clientes y proveedores?

Management 3.0 nace como una respuesta a todas estas preguntas, con un cambio fundamental en la perspectiva del liderazgo, que parte de una posición diferente a los enfoques anteriores: en lugar de preguntarse el líder cómo hacer para cambiar a las personas de su equipo, se focaliza en qué cambios puede realizar el líder en primera persona para posibilitar equipos y organizaciones con personas más satisfechas y, finalmente, más productivas. Este modelo se basa en la agilidad, la innovación, el liderazgo y la gestión de organizaciones y propone redefinir la gestión como una responsabilidad colectiva. En concreto, se centra en potenciar la manera en cómo llegamos a soluciones en conjunto, usando distintas herramientas para incentivar el *feedback* y la colaboración del equipo mediante una aproximación práctica y aplicable. Se desarrollan las habilidades en los líderes para que puedan empoderar a sus equipos, generar un mayor *engagement* en los colaboradores y así apoyar el logro de los resultados grupales con un foco en la autogestión.

En estas organizaciones todas las personas tienen parte de responsabilidad activa para el éxito, fomentando la colaboración efectiva en red. La gestión es una parte crucial del trabajo, pero muchos empleados no se dan cuenta de que ellos también son responsables: la gestión del trabajo y la organización es demasiado importante como para dejarla solo en manos de los líderes. El resultado indirecto de este incremento en la satisfacción del clima laboral es una mejora en la productividad. Todo ello fruto del trabajo de empleados motivados y la colaboración de cada miembro de la empresa para la consecución de unos objetivos comunes. En otras palabras, es un cambio de paradigma que trata de evitar organizaciones con estructuras piramidales muy rígidas que, además de ser poco transparentes para los empleados, no favorecen la colaboración.

Este nuevo modelo mental se basa en 6 principios que determinan el foco de este nuevo modelo de gestión:

1. Energizar a las personas: Las personas son la parte más importante de las organizaciones y los líderes deben hacer todo lo posible para mantenerlas activas, creativas y motivadas.

2. Empoderar a los equipos: Los equipos pueden autoorganizarse, lo que requiere empoderamiento del equipo y confianza por parte del líder.

3. Alinear los esfuerzos: Es importante que los líderes protejan a su gente, que compartan los recursos y generen un propósito común con objetivos claros.

4. Desarrollar competencias: Los equipos no van a alcanzar sus objetivos si no son lo suficientemente capaces; los líderes deben contribuir a su desarrollo competencial.

5. Hacer crecer la estructura: Muchos equipos forman parte de organizaciones complejas y es necesario considerar estructuras que cultiven la comunicación.

6. Mejorar el sistema: Personas, equipos y organizaciones tienen que mejorar continuamente para generar valor constante.

Incorporar nuevas formas de liderar

El buen liderazgo requiere una disposición a cambiar en el plano individual. Los líderes realmente expertos no solo saben identificar el contexto en el que están operando en un momento dado, sino también cómo pueden cambiar su comportamiento y sus decisiones para adecuarse a ese contexto. También preparan a su organización para entender los contextos diferentes y las condiciones para las transiciones entre ellos. Muchos líderes lideran eficazmente (aunque suelen hacerlo en solo uno o dos contextos, no en todos) y pocos, si los hay, preparan a sus organizaciones para contextos diversos.

Dice Rafael Echeverría, en su libro *La empresa emergente: la confianza y los desafíos de la transformación*, que el modo tradicional de hacer empresa ya no funciona, está en crisis y es necesario encontrar una alternativa organizativa coherente que sea capaz de sustituirlo. Entre los múltiples cambios que se asocian con las transformaciones radicales de las empresas pueden destacarse especialmente dos:

1. La modificación en la figura central de autoridad que fuera la predominante en la empresa tradicional y que estaba representada por el líder capataz dedicado al mando y al control.

2. En la transformación del sustrato emocional que se apoyaba en el miedo. En la empresa emergente la figura central será el líder coach y el miedo será reemplazado por la confianza. Promover relaciones de confianza permite que los trabajadores logren mejores resultados y conduce a acciones transformadoras, capaces de generar y conquistar nuevos mundos, futuros y posibilidades.

Hoy en día, la base de la ventaja competitiva de las organizaciones es el conocimiento. Los activos intangibles cobran preponderancia sobre los tangibles del modelo tradicional. Para generar conocimiento e ideas no son necesarias grandes instalaciones industriales y ni siquiera un emplazamiento físico concreto. Cobran especial relevancia las competencias conversacionales entre las personas. El dominio de habilidades como la escucha o el diálogo es estrictamente necesario.

El conocimiento se genera en entornos colaborativos o de cocreación, e incluso lo que se conoce como *holocracia*, un sistema de organización en el que la autoridad y la toma de decisiones se distribuyen de forma horizontal en lugar de ser establecidas por una jerarquía de gestión y que aumenta la agilidad, la eficiencia, la transparencia, la innovación y la rendición de cuentas dentro de una organización. Este enfoque alienta a los miembros individuales del equipo a tomar la iniciativa y les da un proceso en el que sus preocupaciones o ideas pueden ser abordadas. El sistema de la autoridad distribuida reduce la carga sobre los líderes para tomar todas las decisiones. Según el fundador de Zappos, Tony Hsieh, la *holocracia* hace a los individuos más responsables de sus propios pensamientos y acciones.

En este modelo son necesarias personas que integren acción y reflexión, a diferencia del modelo tradicional en el que los que piensan y los que hacen son personas distintas. Es un cambio del «haz y no pienses» a «piensa para hacer». Este modelo de liderazgo se basa en la autonomía responsable; el extremo puede ser el modelo ROWE *(Results Only Work Environment)*, creado por Jody Thompson y Cali Ressler, en el que los empleados son retribuidos por los resultados conseguidos y no por las horas de trabajo empleadas. En empresas como Google, los ingenieros pueden pasar el 20 por ciento de su tiempo trabajando en algo que quieran. Tienen autonomía sobre su tiempo, su tarea, su equipo, su técnica. Resultado: cerca de la mitad de los nuevos productos de esa empresa han surgido durante ese 20 por ciento de su tiempo (Gmail o Google News, entre ellos).

La emoción clave es la confianza, que disuelve el miedo, reduce la complejidad y la incertidumbre y es un motor de acción para las actividades creativas y el impulso a lanzarse a lo desconocido. La idea central es que en la medida que una empresa genera relaciones de confianza logrará mejores resultados de sus personas.

En este modelo no hay lugar para las pirámides organizativas porque le restan flexibilidad y capacidad de adaptación a los nuevos entornos. Las distintas personas pueden pasar de una tarea a otra con gran movilidad horizontal y simplemente cambiando los tipos de responsabilidad. El líder coach está orientado a facilitar el aprendizaje y a servir a sus equipos como misión central de su trabajo. Genera nuevas reflexiones que dan lugar a nuevas soluciones en lugar de dar respuestas a los problemas en función de las experiencias ya conocidas.

Aplicar metodologías ágiles

El entorno empresarial actual, continuamente cambiante, ha transformado el modo en que gestionamos el día a día en nuestros negocios. Ahora, por encima de todo, necesitamos flexibilidad, y las metodologías ágiles se presentan como una oportunidad idónea para proyectos flexibles. Esta fórmula permite cambiar las prioridades de cada fase del proyecto, según los objetivos y necesidades del cliente, y está orientada a obtener resultados tangibles desde el principio. Estas metodologías son idóneas para aquellos proyectos que son cambiantes durante su ciclo de vida, ya que la agilidad permite rectificar y cambiar las prioridades y requerimientos según los resultados obtenidos durante el desarrollo del proyecto, al mismo tiempo que mejora la experiencia del cliente al estar en constante contacto con el proyecto.

Agile es una fórmula para el desarrollo de proyectos que necesitan rapidez y flexibilidad para adaptarse a las necesidades del cliente, y siempre está enfocada a resultados. Independiente del marco de trabajo, esta filosofía hace uso de varios conceptos para funcionar:

Iteración: Tras cada iteración, el producto o servicio gana valor. Este se revisa hasta que el cliente queda conforme.

Inspección: Proveedor y el cliente, de manera conjunta, determinan si merece la pena una iteración más. El *feedback* es clave.

Adaptación: Cabe la posibilidad de que el objetivo cambie, o bien el modo en que lo alcanzamos. Hay que estar abiertos a cambiar de dirección y a la mejora continua.

En la actualidad, los proyectos se desarrollan en contextos muy versátiles. Son más complejos que antes, frente a unas exigencias del cliente y del mercado mucho más variables, y con una incertidumbre elevada. Por eso, la aplicación del método *Scrum* se ha extendido como la pólvora en numerosos sectores. *Scrum* es un método para trabajar en equipo a partir de iteraciones o sprints. Su objetivo es controlar y planificar proyectos con un gran volumen de cambios de última hora, en donde la incertidumbre sea elevada. Los requisitos varían a muy corto plazo, necesitan una gestión muy flexible, orientada a objetivos y resultados concretos y, por ello, la metodología *Scrum* es perfecta. En la actualidad, es utilizado para el desarrollo de muchos tipos de productos en un marco de trabajo simple que promueve la colaboración en los equipos para lograr desarrollar productos complejos. Esta metodología se centra en ajustar sus resultados y responder a las exigencias reales y exactas del cliente. De ahí, que se vaya revisando cada entregable, ya que los requerimientos van variando a corto plazo. El tiempo mínimo para un sprint es de una semana y el máximo es de cuatro semanas. Se suele planificar por semanas. Al final de cada sprint o iteración, se va revisando el trabajo validado de la anterior semana. En función de esto, se priorizan y planifican las actividades en las que invertiremos nuestros recursos en el siguiente sprint. Los equipos *Scrum* se caracterizan por ser autoorganizados. Y se centran en el producto final, en la calidad de este. Los eventos de *Scrum* se utilizan para minimizar la necesidad de reuniones y establecer una cadencia que permita al equipo fomentar la comunicación y colaboración reduciendo el tiempo en reuniones extensas además de reducir los procesos restrictivos y predictivos. Todos los eventos tienen una caja de tiempo o *timebox*. Una vez que se inicia un sprint este tiene una duración fija y no se puede acortar o alargar. Los eventos más comunes son:

Reunión para la planificación del sprint: En ella, se divide el tiempo de duración del sprint, así como el objetivo y entregable del mismo. Además, el equipo de desarrollo deberá saber cómo realizarlo.

***Scrum* diario:** La finalidad es poner en común y sincronizar actividades para elaborar el plan del día. En la reunión cada miembro del equipo responde a tres preguntas:

- ¿Qué he hecho desde la última reunión de sincronización para ayudar al equipo a cumplir su objetivo?

- ¿Qué voy a hacer a partir de este momento para ayudar al equipo a cumplir su objetivo?

- ¿Qué impedimentos tengo o voy a tener que nos impidan conseguir nuestro objetivo?

Trabajo de desarrollo durante el sprint: Consiste en asegurar que los objetivos se están cumpliendo, que no se producen cambios que alteran el objetivo del sprint y se mantiene un *feedback* constante con el cliente o dueño del proyecto.

Revisión del sprint: Reunión con el cliente o dueño del proyecto; se definen los aspectos a cambiar, en caso necesario, de mayor valor o probables para planificarlo en el siguiente sprint.

Retrospectiva del proyecto: Oportunidad del equipo de desarrollo para mejorar su proceso de trabajo y aplicar los cambios en los siguientes sprints.

Para que el método *Scrum* funcione, la transparencia es esencial. Es la base de las decisiones que se toman para optimizar el valor y el control del riesgo. El grado de cumplimiento de la transparencia determina si las decisiones son correctas o no. Si los elementos no son completamente transparentes, entonces las decisiones tienen defectos y su valor disminuye. Además, el riesgo aumentará.

La labor principal de un *Scrum master* es pensar y hacer pensar. Analizar el contexto del equipo y luego buscar la manera de ayudarlo a mejorar y a conseguir resultados. Para conseguir realizar adecuadamente sus funciones, ha de ser capaz de adoptar varios roles en función del contexto. Los principales son los siguientes:

Facilitador: Es el rol que mejor define a un Scrum master. En líneas generales, se trata de focalizar al grupo en que consiga unos objetivos concretos, sin llegar a contribuir directamente.

Líder de servicio: Fomenta la autoorganización del equipo, potenciando las cualidades de los individuos, desde la humildad y la confianza. Este liderazgo no pretende marcar una visión y llevar al equipo hacia ella, sino hacer que el equipo encuentre su propio camino y eliminar los posibles obstáculos. Cuando elimina impedimentos o resuelve un conflicto está ejerciendo un liderazgo de servicio.

Coach, tanto personal como del equipo al completo: Como *coach*, hace reflexionar a base de preguntas para que la otra persona o equipo encuentre sus propias respuestas. El equipo llegará solo a la solución y será más fácil que la adopten.

Agente de cambio: Mantiene la visión de hacia dónde debe dirigirse la compañía y lidera las iniciativas de cambio para cumplir esa visión. Este papel frecuentemente va más allá del equipo *Scrum*, es decir, es muy posible que para lograr conseguir mejoras deba provocar cambios fuera del ámbito del equipo.

Motivador: En los casos en los que se necesite una dosis extra de motivación, apunta a lo conseguido en anteriores sprints, comportamientos positivos, hábitos adquiridos, etc. Se trata de poner equilibrio, no de distorsionar la realidad.

Mentor: Generalmente el Scrum master tiene más experiencia que los miembros del equipo y es común que se establezca una relación de mentor y aprendiz. Aprovechando sus conocimientos y experiencias, suele ser frecuente que proponga sesiones sobre algunas temáticas o habilidades para algunos o el conjunto de los miembros del equipo otros temas relacionados. Pueden estar preparadas y planificadas o pueden ser charlas esporádicas improvisadas.

Usar nuevas métricas

Además de tener claros los objetivos y de interiorizarlos, es necesario disponer de señales de confianza que nos ayuden a alcanzar las metas. Cualquier acción deberá tener una medición aparejada para contar de manera instantánea con un *feedback* concreto de los aciertos y los errores. Acometer acciones sin saber su resultado será una pérdida de tiempo y un riesgo excesivo. Un buen cuadro de indicadores dará, en cualquier momento, la información más relevante para el negocio para que puedas tomar decisiones y sin distraerte con información menos importante. Deben fijarse como indicadores clave, aquellos de los que se pueda extraer información que realmente aporta valor y que permita tomar decisiones en procesos estratégicos.

Pensando en fortalecer la operación y escalar el negocio, es fundamental buscar un modelo sólido de gestión que pueda ser aplicado con facilidad. Los *Objectives and Key* Results (OKR, término inglés que significa 'objetivos y resultados clave') suplen esa necesidad. OKR es una metodología de gestión que fue creada por el ex CEO de Intel, Andrew Grove, y que se define como los métodos y el proceso necesarios para organizar tu empresa a través del sano ejercicio de fijar objetivos individuales y medirlos tanto cuantitativa como cualitativamente. De este modo, se pretende conectar y entrelazar el triángulo básico de objetivos: personales, de equipo y de la empresa. El objetivo último es que todos se muevan conjuntamente en la dirección correcta evitando las desviaciones que, al fin y al cabo, provocan ineficiencias y pérdida de esfuerzos.

El nombre OKR está directamente ligado a la manera en que funciona y está estructurada esta metodología:

Objectives: Los objetivos presentan una dirección clara de lo que la empresa pretende conquistar. El objetivo general debe ser cualitativo y con aspiraciones. Necesita tener importancia real para el desempeño de la empresa, además de representar un deseo legítimo de los gestores. Es posible definir más de un OKR y, por lo tanto, más de un objetivo general.

Key results: Son metas menores que ayudan directamente en la conquista de la meta principal. Debe haber un pequeño conjunto de resultados claves para cada objetivo general. El resultado clave tiene la función de indicar si el objetivo general será alcanzado o no. Por eso, es necesario que este sea simple, cuantitativo y que represente un criterio para el éxito, además de poseer medidas para el control.

Hace falta seguir una serie de pasos importantes, que garanticen el buen funcionamiento de los OKR y faciliten su adopción entre todos los colaboradores de la empresa:

Definir metas claras y específicas: Tanto para los objetivos principales como para los key results. Eso va a dejar todos los colaboradores alineados y motivados para alcanzar lo que fue establecido.

Dividir los objetivos entre los distintos partícipes: Un punto importante del OKR es que los objetivos no deben ser establecidos únicamente por los líderes y gestores. La idea que está detrás es la de involucrar a todos en la creación de las metas y garantizar que la opinión de todos sea útil en el proceso.

Fijar plazos cortos: Eso va a ayudar a mantener el sentido de urgencia, en un ritmo que sea suficiente para que todos realicen su trabajo y las tácticas surtan efecto.

Realizar un seguimiento continuado: Evaluar los resultados obtenidos de forma semanal es un buen camino porque permite ajustes rápidos; tampoco sobrecargues a los profesionales involucrados con una presión de analizar datos diariamente.

Transparencia: Es el punto de partida en una estrategia de OKR exitosa. Si todos deben compartir los mismos objetivos y aspiraciones, no hay forma mejor de hacerlo que ser todos conscientes de los resultados. El objetivo no debe ser presionar a los colaboradores para conseguir resultados más rápido, sino mantenerlos informados y garantizar que el proceso esté claro para todos.

Distinguir entre esfuerzos y resultados: El esfuerzo puede ser máximo, pero lo que debe ser analizado son los resultados. Por eso es tan importante enfocarse en métricas y no solo en el sentimiento de unión y esfuerzo colectivo como forma de cuantificar la dedicación de todos.

En resumen, en un entorno organizativo en el que cobran cada vez más importancia las relaciones en red por encima de las clásicas estructuras jerárquicas y donde las decisiones se tienen que tomar cada vez con más rapidez, encontrar mecanismos que limiten la complejidad en la toma de decisiones es cada vez más importante. Las nuevas metodologías de gestión de equipos y personas dentro de las organizaciones requieren de un ecosistema adecuado para su supervivencia. Si tratan de implementarse en un entorno inadecuado para su desarrollo sin hacer ningún tipo de cambio a nivel de cultura organizacional, las probabilidades de fracaso son elevadas. Basado en valores como la transparencia, la confianza, la unidad, el compromiso y la mejora continua, un nuevo modelo de *management* y un estilo de liderazgo coherente con él es el marco perfecto para implantar metodologías de desarrollo ágiles dentro de cualquier organización con una alta probabilidad de éxito.

BIBLIOGRAFÍA

Lean Retail: El arte y la práctica de los negocios ágiles. Marcos Álvarez, Profit editorial (2020). ISBN: 9788417942540

100 ideas para el retail de la era digital: Cómo atraer y retener clientes en las tiendas del futuro. Marcos Álvarez, Profit editorial (2019). ISBN: 9788416904945

Reinvender: Cómo reinventar las tiendas para vender en el futuro. Marcos Álvarez, Profit editorial (2017). ISBN: 9788416115754

06

Reuniones telemáticas o en remoto

Pilar Lloret

- Claves de la convocatoria de una reunión: objetivos, parti-
  cipantes...
- Preparación.
- Aspectos a tener en cuenta para su óptimo desarrollo.
- Seguimiento posterior.

En la actualidad, cualquier organización, sea cual sea su tamaño y actividad, consume una gran parte de su tiempo organizando reuniones.
Según un estudio de Readytalk (2019), la media de reuniones al año a
las que asisten las personas que trabajan en una empresa ascienden a
62, lo que representa el 15% de las horas de trabajo, y lo que se traduce
en un coste muy importante para la empresa. De ahí la necesidad y el
interés, por parte de las empresas, de conseguir reuniones más eficientes y eficaces.

La tipología de reuniones es amplia. La más conocida y utilizada es la
«reunión cara a cara» o tradicional, pero la globalización, la internacio-
nalización de las empresas y el desarrollo de nuevas tecnologías han
propiciado el auge de las llamadas «reuniones virtuales o en remoto».

En algunos momentos de la historia, y como consecuencia de sucesos
no esperados, como puede ser la aparición de una nueva enfermedad,
el COVID-19 por ejemplo, las reuniones virtuales o en remoto adquie-
ren mayor importancia, pues evitan el desplazamiento de las personas
implicadas. Por muy grande que sea la distancia entre los participantes, estos se pueden reunir cualquier día de la semana a cualquier hora
(siempre que se respeten las diferencias horarias).

Además, las reuniones virtuales permiten un ahorro en tiempo y costes.
Pero para llevarlas a cabo, las organizaciones y sus empleados deben
ser conscientes de que es necesario definir unas formas de funcionamiento.

Aspectos clave a la hora de convocar una reunión en remoto

A la hora de planificar una reunión, es muy importante definir los aspectos clave con el fin de que la misma resulte lo más productiva posible, ya que las dificultades que nos podemos encontrar en las reuniones tradicionales las encontramos también en las reuniones virtuales o en remoto.

Bien sean reuniones directivas, con clientes, con proveedores, etc., estas ocupan un tiempo importante de nuestras vidas. Tal como explicamos en el libro *Reuniones de 30 minutos. Mejorando la eficiencia, el clima laboral y la felicidad de la empresa* (Profit, 2020), según varios estudios publicados se puede afirmar que los empleados destinan un tercio de su tiempo asistiendo a reuniones. Este consumo de tiempo conlleva un importante coste, tanto en términos económicos como no económicos (estado de ánimo, frustración, ...).

Por tanto, cuando se celebra una reunión hay que intentar que la misma sea lo más eficiente y eficaz posible.

Definir el objetivo de la reunión

El punto inicial, tanto para reuniones en remoto como en cualquier modalidad, es tener claro cuál es el objetivo de la reunión; es decir, hay que tener claro por qué se a realizar y cuál es el resultado que se espera conseguir. Los participantes de la reunión también deberán tener claro este objetivo.

Por otro lado, el organizador, antes de convocarla, tiene que valorar si la celebración de una reunión es la forma de comunicación más eficiente o la única alternativa para contactar con el resto de personas implicadas a la hora de resolver un problema o tomar determinadas decisiones.

En general, podemos decir que reunirse es la modalidad de comunicación más eficiente si:
- es el modo más eficaz y eficiente para informar, decidir o resolver un problema,
- si existe un objetivo claro (puede haber más de uno) para todos y

- si la participación está justificada, ya que hay sinergias al juntar a todos los asistentes y todos saben el papel que van a jugar en la reunión.

En otros casos, existen alternativas más eficientes a la convocatoria de una reunión, como por ejemplo:

Si el objetivo es recabar información:

- Enviar a las personas adecuadas un correo electrónico detallando qué información se necesita y solicitando los comentarios y aportaciones de los destinatarios. Se puede complementar con un seguimiento a través de una llamada telefónica o bien detallando en el propio mensaje electrónico el plazo para aportar tal información.

- Crear un espacio virtual de colaboración en el que las personas implicadas puedan realizar en tiempo real sus aportaciones de forma que todos tengan acceso a dicho espacio y puedan conocer y ser partícipes de la información.

- Grabar un mensaje en el que se solicita la información, así como las aportaciones de los destinatarios.

Si el objetivo es comunicar la información:

- Enviar a las personas interesadas un correo electrónico con la información relevante y complementarlo con un seguimiento mediante una llamada telefónica.

Si el objetivo es obtener la aprobación de una decisión concreta, quizá sea suficiente con hablar directamente con la persona o las dos/tres personas clave para la toma de la decisión.

Definir los participantes a una reunión

Una vez está claro el porqué de convocar una reunión y que esta metodología es la más adecuada, el segundo aspecto a considerar es la elección de los participantes, es decir, **quién** y **cuántas** personas van a participar en la reunión.

Según el informe efectuado por Doodle sobre el estado de las reuniones (2019), un 35% de los encuestados opina que uno de los factores de éxito de las reuniones es que no haya muchos participantes en las mismas. El 33% también concluyó que no eran capaces de aportar nada a la mayoría de reuniones a las que asistían.

Una de las anécdotas más conocidas sobre la efectividad de las reuniones es la de «la regla de las dos pizzas» de Jeff Bezos, el fundador de Amazon. Bezos considera que el número máximo de participantes de una reunión ha de ser el que sea capaz de alimentarse con dos cajas de pizza.

Por tanto, podemos concluir que hay que convocar a las personas indispensables; es decir, a aquellas que pueden participar activamente y aportar su punto de vista sobre el tema que se vaya a tratar, así como posibles ideas y soluciones. En una reunión, cada participante tiene que tener un papel asignado.

Una vez estén identificados los participantes a una reunión, hay que confirmar su disponibilidad en su agenda para asistir a la reunión a través de una llamada telefónica o por correo electrónico. En caso de que alguno de los convocados se vea obligado a delegar su asistencia, deberá otorgar poderes suficientes para que el participante que le sustituya tome las decisiones en su lugar.

Si los participantes indispensables a la reunión no pueden acudir, es mejor cancelar y buscar una fecha alternativa a su celebración.

En el caso de las reuniones en remoto, bien sea a través de videoconferencia, multiconferencia, llamada telefónica e incluso, según la tipología de la empresa, mediante una app de mensajería instantánea como WhatsApp, el número óptimo de asistentes debería ser acorde con la duración de la reunión. Por ejemplo, en las reuniones de 60 minutos de duración, el número máximo de participantes oscilaría entre 8 y 10 personas. En las reuniones de 30 minutos de duración, este número se reduce a 3, 4 o 5 participantes. Si convocamos a un número mayor, es probable que los turnos de palabra comiencen a solaparse y al final no se entienda nada. De todos modos, para solucionar este punto es conveniente establecer unas reglas básicas de funcionamiento.

La preparación de la reunión

Uno de los aspectos clave del éxito de las reuniones, tanto en remoto como en cualquiera de las modalidades, es su preparación previa, ya que la improvisación conlleva retrasos y frustración entre los participantes, tal como refleja Doodle en su ya citado informe sobre el estado de las reuniones (2019): el 89% de los encuestados consideraron como enfado la asistencia a reuniones mal organizadas, ya que resultaron ineficientes.

Una herramienta útil para preparar una reunión es la denominada **Agenda de la reunión**. Se trata de un documento en el que se recogen de forma muy clara los siguientes aspectos:

- El objetivo de la reunión incluyendo los puntos que se van a discutir.
- Instrucciones claras y específicas a los asistentes sobre lo que se espera de ellos y sobre el papel que tienen asignado.
- La agenda de la reunión ha de proporcionar a los asistentes toda la información relativa a la reunión, incluyendo los puntos a debatir y las preguntas a responder, así como posible material de trabajo, diapositivas, presentaciones, etc.
- Otros aspectos logísticos, como puede ser horario y duración.

En la página siguiente (figura 1) se muestra un modelo de documento utilizado como Agenda de reunión.

La agenda puede enviarse por correo electrónico o por cualquiera de las apps de mensajería instantánea a las diferentes personas convocadas, pero con 48 horas de antelación para que puedan preparase la reunión.

Funcionamiento de las reuniones en remoto

Una vez identificados los aspectos generales que ayudan al éxito de una reunión, se detallan a continuación una serie de recomendaciones concretas para el caso de las reuniones en remoto que pueden evitar caer en algunos de los errores más habituales que se producen en este tipo de reuniones.

FECHA: 29-06-20XX

HORA: 9:30 a. m. – 10:30 a. m.

TEMAS A TRATAR:

1. Salida al mercado de la nueva colección de bolsos de material reciclado "Nature".

2. Aprobación del presupuesto económico de las acciones comerciales del lanzamiento de la nueva colección de bolsos "Nature".

3. Estudio de alquiler de espacios en cinco centros comerciales de España, Andorra, Lima y Santiago de Chile.

4. Posible contratación de personal para la campaña de verano de la colección "Nature" en los centros comerciales vistos en el punto 3.

PARTICIPANTES:

· Anna de la Torre (organizadora).

· Marcos Herrero, departamento financiero.

· Álvaro García, departamento marketing.

· Natàlia Bermúdez, departamento de recursos humanos.

· Marta Porcar (inmobiliaria).

DOCUMENTOS A LEER ANTES DE LA REUNIÓN:

· Plan financiero colección "Nature" 20XX.

· Dossier de los principales centros comerciales de España, Andorra, Perú y Santiago de Chile.

· Dossier de precios de alquiler de las zonas comerciales de España, Andorra, Perú y Santiago de Chile.

· Resumen de la plantilla existente en nuestra red de tiendas.

Figura 1. Ejemplo de agenda de reunión.

Uso de la tecnología adecuada

Uno de los aspectos esenciales a la hora de llevar a cabo una reunión en remoto es disponer de las herramientas de software y hardware adecuadas, así como de una buena conexión a internet, para poder utilizar los diferentes programas y apps que existen en el mercado y que permiten celebrar este tipo de reuniones.

Las herramientas tecnológicas, cuanto más fáciles sean de utilizar para los diferentes usuarios, mejor.

Otras recomendaciones relacionadas con el uso de la tecnología son:

- Probar antes de la reunión el micrófono para comprobar que funciona; es decir, que se escucha la voz con suficiente claridad y con un volumen adecuado.

- Activar la cámara y comprobar que también funciona y que los demás asistentes nos pueden ver.

- Utilizar cascos o auriculares con el fin de reducir el ruido de ambiente.

- Si algún participante no está habituado al uso de la tecnología, quizá puede ser beneficioso programar una sesión de formación para ver cómo funcionan los equipos.

- No está de más, según la tipología de reunión que vamos a llevar a cabo, realizar una prueba previa para comprobar que todo funciona correctamente.

- Por último, no olvidar un Plan B por si en el último momento las cosas no salen como estaban previstas.

Estas recomendaciones ayudarán a evitar o minimizar problemas tan comunes como no poder entrar a tiempo en la reunión, sonidos entrecortados, desconexiones y pérdida de imagen, etc.

A continuación se detallan algunos de los principales programas y apps utilizados para celebrar reuniones en remoto: Web Ex, Skype, Google Hangouts, Zoom, WhatsApp, HouseParty y Facetime.

	CARACTERÍSTICAS	VENTAJAS	INCONVENIENTES
Web Ex	Es una herramienta de software de Cisco que facilita las videoconferencias desde 8 a 40.000 personas en función de la tarifa que se contrata.	Fácil acceso. Es suficiente clicar en la invitación recibida. Puede integrar otras aplicaciones, como Google Calendar o Drive. Posibilita trabajar y modificar los documentos y presentaciones utilizadas en la reunión.	Suele tener problemas de conexión y el servicio de voz no es óptimo. Además, la transferencia de datos es lenta y los servicios gratuitos son limitados.
Skype	Es el sistema más popular y con mayor uso. En videollamada puede tener hasta 10 participantes. Sin vídeo puede tener hasta 25 participantes.	Gratuito. No tiene límite de tiempo y tiene traducción simultánea.	Suele tener problemas de conexión.
Google Hangouts	Es la aplicación de videollamadas de Google. Con tener cuenta en google ya dispones de la aplicación. Puede tener hasta 25 participantes para empresas y 10 en el resto de casos.	Gratuito. Buena calidad de la videoconferencia. Permite compartir pantalla.	Necesario tener cuenta en Google. Cuando compartes un documento desaparece el interlocutor y únicamente se visualiza el documento.

Zoom	Aplicación disponible tanto para IOS como Android. La versión gratuita tiene algunas limitaciones.	Buena calidad de la videoconferencia. Permite grabar la videoconferencia. Se pueden compartir archivos.	Las videoconferencias en grupo gratuitas no pueden superar los 40 minutos.
WhatsApp	Una de las apps de mensajería rápida más utilizadas.	Fácil utilización.	Permite hacer videollamadas hasta 4 participantes. No se puede utilizar en versión web.
House Party	Herramienta conocida como la más social. Disponible tanto para sistema Android, IOS y ordenador.	Fácil de configurar y utilizar. Incluye juegos para el grupo.	El número máximo de participantes es 8.
Facetime	Aplicación de videollamada de Apple.	Permite hablar hasta con 32 personas. Gratuita. Buena calidad.	Necesario disponer de un dispositivo Apple. No permite compartir imágenes ni escribir en el documento.

Figura 2. Resumen de las principales características, ventajas e inconvenientes de algunos programas y apps utilizados para realizar reuniones en remoto.

Las anteriores herramientas son solo un ejemplo de las muchas que hay en el mercado. Algunas son gratuitas y otras de pago.

Elección de un coordinador o líder de la reunión

En las reuniones, cualquiera que sea su modalidad, los participantes han de tener un rol, cuyas funciones conocen ya que han recibido con anterioridad la agenda de la reunión. En las reuniones en remoto cobra importancia el coordinador o líder de la reunión y este papel normalmente recae en la persona que ha convocado la reunión.

El coordinador no tiene por qué ser la persona que más va a hablar, sino que será quien dirige y toma la iniciativa durante toda la reunión.

El coordinador es la persona que:

- Anima a participar a todos los asistentes e incluso al principio puede presentar de una forma rápida a los participantes y el papel que tienen en la reunión.

- Supervisa el cumplimiento de las reglas básicas de funcionamiento de las reuniones.

- Controla el tiempo dedicado a cada punto del orden del día.

- Establece el orden de participación en el caso de que varios participantes tengan levantada la mano.

- Es el encargado de avisar a algún participante si ha dejado el micrófono abierto y existen distorsiones que dificultan el transcurso de la reunión.

- Mantiene la atención de los participantes y evita distracciones mediante:
  - Utilizar un tono de voz claro y lento.
  - Mirar a la cámara.
  - Vestirse de forma profesional.
  - Apagar el micro cuando no sea el turno de palabra.
  - Levantar la mano cuando se quiera intervenir.
  - Realizar preguntas concretas y directamente a los participantes para evitar lanzar una pregunta "al aire" y que nadie de las personas conectadas conteste.

- Solucionar los posibles conflictos que puedan aparecer durante la reunión.

Definir las reglas básicas de la reunión

Otras reglas básicas de funcionamiento que podemos aplicar a las reuniones virtuales son las siguientes:

Puntualidad y asistencia

Las reuniones han de comenzar y terminar a la hora prevista aunque no estén presentes todos los participantes. Empezar y terminar las reuniones a tiempo tiene dos efectos positivos muy importantes: los participantes serán puntuales y al final se tiene la sensación de haber cumplido los objetivos.

En cuanto a la asistencia, si llegado el día de la reunión un participante no puede asistir, será conveniente, como ya se ha indicado anteriormente, que delegue su asistencia a un subordinado, el cual deberá asumir todas sus funciones, que van desde ser puntual hasta a tomar decisiones, pasando por la preparación previa de la reunión.

Participantes

- Vestirse de forma profesional.

- Buscar un lugar de la sala tranquilo y con una pared de fondo claro que evite distracciones al resto de participantes.

- Cerrar las ventanas y puertas con el fin de minimizar el ruido e indicar a las personas que puedan estar en la sala o cerca de ella que va a comenzar una videoconferencia, para evitar interrupciones.

- Puede ser conveniente añadir más luz a la sala.

- Intentar mirar a la cámara, situando esta a la altura de los ojos.

- No acercarse demasiado a la cámara e intentar que la misma abarque desde la cabeza hasta la altura de los codos.

- Levantar la mano para pedir el turno (hay aplicaciones que tienen un icono que sirve para utilizar para levantar la mano).

- Uso de un tono de lenguaje suave y pausado, sin gritos ni palabras fuera de lugar o insultos.

- Apagar el micrófono cuando termine el turno de participación. Es importante que solo una persona tenga el micrófono abierto, ya que así se evitan ruidos de fondo que distraen la atención.

- Evitar contestar llamadas telefónicas o e-mails o cualquier tipo de mensaje mientras dura la reunión.

Interrupciones, conflictos y respeto

En las reuniones en remoto es más fácil encontrarnos con situaciones en las que los participantes hablan a la vez y también que surja algún que otro conflicto derivado de la ausencia del "contacto cara a cara" que puede provocar malentendidos que no se producirían en otras circunstancias.

Para intentar minimizarlos se pueden utilizar los siguientes recursos, algunos de los cuales ya se han nombrado a lo largo del epígrafe:

- Seguir el orden del día establecido.

- Seguir el orden de participación según las indicaciones del coordinador de la reunión.

- Utilizar un lenguaje neutro, claro e intentar evitar ironías y bromas que no todos pueden entender.

- Las preguntas que puedan surgir durante el transcurso de la reunión es preferible dejarlas al final de esta para así cumplir con el orden del día.

Incumplimiento de las normas

Si se establecen unas normas básicas de funcionamiento en la reunión, también hay que establecer cuáles son las consecuencias de incumplirlas, ya que de otro modo no sirve de nada diseñar unas normas que permitan facilitar las reuniones.

A este efecto, señalar que no existe un listado cerrado de posibles consecuencias de incumplimientos, sino que cada convocante u organización puede diseñar el suyo.

Seguimiento posterior de una reunión

Una vez hemos finalizado la reunión, es necesario realizar un seguimiento de la misma con el fin de no olvidar los acuerdos que en la misma se han tomado y estos puedan implementarse. Como durante la reunión cada participante habrá expresado sus ideas y opiniones, puede que no quede claro para todos saber qué acuerdos se han tomado.

Por tanto, es de utilidad resumir en un documento aquellas ideas y acuerdos importantes que se han tomado durante la reunión, incluyendo también las posibles acciones o tareas a implementar para lograr los objetivos establecidos. El documento que resume y recuerda lo hablado en la reunión es el **acta**.

El acta de la reunión

Como durante la reunión el secretario ha tomado nota de los principales puntos, decisiones, acuerdos y medidas a adoptar, en el momento de finalizar la reunión el acta está casi terminada y puede distribuirse entre los participantes y resto de personas interesadas una vez acabada la reunión. Eso sí, una vez revisada.

Además de a los participantes, es de utilidad enviar el acta de la reunión a las siguientes personas:

- A las personas convocadas pero que finalmente no han podido acudir.

- A los superiores de los participantes (incluyendo a aquellos a los que se les ha asignado tareas de consecución objetivos).

- A cualquier miembro de la empresa al que se le hayan asignado tareas de consecución de objetivos.

Los aspectos básicos que el acta de la reunión debe contener son los siguientes, tal como se muestra la figura siguiente:

Lugar y fecha de celebración de la reunión	
Orden del día	
Informaciones suministradas	
Decisiones tomadas	
Acciones previstas	
Resultados previstos	
Temas que han quedado pendientes	
Calendario de consecución de los objetivos	
Personas responsables de cada acción	
Firma asistentes	

Figura 3. Modelo de acta de reunión

Una vez hemos enviado el acta a los participantes y a aquellas personas interesadas, es recomendable realizar un seguimiento, ya que de nada sirve celebrar reuniones, llegar a acuerdos y diseñar acciones si después nadie se encarga de comprobar si se han llevado a cabo y si los resultados son los previstos. La tarea de seguimiento la puede realizar el participante que ha actuado como coordinador de la reunión, quien comprobará que se están logrando los objetivos y resultados previstos con las medidas aprobadas.

Para facilitar la tarea de seguimiento, es de utilidad elaborar un pequeño informe en el que se vayan actualizando las actuaciones que los diferentes responsables van llevando a cabo, identificando también la fecha en las que se van a realizar dichas acciones y, por supuesto, el resultado obtenido.

Este documento se enviará a todos los participantes de la reunión y siempre deberá contener una nota de agradecimiento por la labor realizada.

Reunión/ Fecha:				
Quién	Qué (acción)	Fecha límite	Cómo	Resultado

Figura 3. Modelo de informe de seguimiento.

El acta y el seguimiento de la reunión nos ayudan a unificar las ideas clave, ya que de otro modo es probable que cada participante se haya quedado con diferentes ideas.

Por último, no hay que olvidar que las reuniones a las que asistimos son tiempo de trabajo que hay que intentar optimizar de la mejor manera posible. Con el fin de mejorarlas, al finalizar la reunión es conveniente enviar un cuestionario con una pequeña **evaluación** de los principales aspectos de la misma, como puede ser:

- Los participantes (pudiendo incluir el estilo de liderazgo del organizador así como la participación del conjunto de asistentes).

- Los puntos que forman el orden del día.

- Los problemas que han podido surgir en las etapas de debate y toma de decisión.

- El espacio de la reunión, es decir, la sala y la infraestructura básica utilizada: proyector, pizarra, etc.

- Pregunta abierta donde los participantes puedan realizar sugerencias de mejora.

El envío del cuestionario de evaluación puede realizarse bien por correo electrónico o incluso a través de app de mensajería instantánea, como WhatsApp, y su elaboración puede correr a cargo del coordinador de la reunión.

Resumen de puntos claves

- Definir claramente el objetivo, u objetivos, de la reunión. Los objetivos pueden estar relacionados con comunicar información, con recabar información o con decisiones que hay que tomar.

- Concretar quién debe asistir. Han de ser solamente las personas indispensables.

- La preparación de la reunión es clave para su éxito. Enviar unas horas antes la agenda de la reunión, que recoge los principales aspectos que se tratarán en la misma, facilita la preparación, pues los asistentes pueden también prepararla con antelación.

- El uso de tecnología adecuada es imprescindible a la hora de llevar a cabo una reunión en remoto.

- Las reuniones en remoto deben contar con un coordinador o líder, que es la persona que dirige y toma la iniciativa durante toda la reunión. Normalmente la figura recae en el organizador de la reunión.

- En las reuniones en remoto es conveniente fijar algunas reglas de funcionamiento relativas a: puntualidad, asistencia, participantes, discusiones, conflictos e interrupciones.

- Una vez concluida la reunión en remoto, es necesario llevar un seguimiento de la misma para comprobar que las acciones y propuestas acordadas se van cumpliendo. El documento que ayuda a realizar este seguimiento es el acta.

Conclusión

Una parte importante del teletrabajo consiste en participar en reuniones con otras personas. Dado que las reuniones pueden consumir mucho tiempo, y este es un bien escaso, hay que gestionarlas para que sean eficaces (consigan el objetivo pretendido) y eficientes (se hagan en el mínimo tiempo posible).

Bibliografía

Doodle (2019):
«The state of meetings report 2019» https://meeting-report.com/financial-impact-of-meetings/0

Lloret, P. (2020):
Reuniones de 30 minutos. Mejorando la eficiencia, el clima laboral y la felicidad en la empresa. Barcelona: Profit Editorial.

ReadyTalk (2019):
https://www.readytalk.com/meeting-resources/infographics/true-cost-meetings-infographic

07

Equilibrio profesional, personal y familiar

Óscar González

En el presente capítulo vamos a abordar el tema del teletrabajo desde el punto de vista familiar, es decir: ¿qué podemos hacer cuando tenemos que teletrabajar pero tenemos hijos en casa? Hablaremos también de la necesidad de la conciliación familiar y laboral, así como de los beneficios del teletrabajo para que esta sea una realidad. Y finalmente daremos algunas claves y pautas prácticas que nos ayudarán a organizarnos si teletrabajamos con niños en casa.

Una de las grandes quejas que tenemos las madres y los padres de hoy es que no disponemos del tiempo que queremos para estar con nuestros hijos en el día a día. Esto se traduce en un estrés generalizado y en un sentimiento de culpa que en ocasiones nos impide educar de la mejor manera posible. Las madres y los padres que tienen que desempeñar una profesión fuera del hogar pero además deben ejercer como padres, con todo lo que ello conlleva (organizar su cuidado durante el horario laboral, tareas domésticas, visitas médicas, etc.), sufren un exceso de exigencia para llevar a cabo los dos papeles y experimentan un sentimiento de culpa porque, a pesar de intentarlo, creen no atender a los hijos como se debiera. Y eso es algo con lo que tenemos que acabar. Por ejemplo, los padres sufren un sentimiento de culpa en el momento en que deben separarse de sus hijos para reincorporarse al trabajo y este sentimiento se incrementa en momentos críticos, como por ejemplo cuando los niños se ponen enfermos y no se puede estar el tiempo que quisiéramos a su lado.

Por este motivo, es importante que reflexionemos sobre la necesidad de una conciliación real y ver de qué forma el teletrabajo nos puede ayudar a ello. Desde aquí apelo a la responsabilidad de las empresas, para que faciliten al máximo a las madres y a los padres trabajadores el poder disponer de tiempo para llevar a cabo el cuidado y la crianza de sus hijos.

Hay un proverbio africano que dice que «para educar a un niño hace falta la tribu entera». Pues bien, las empresas y las administraciones también forman parte de esta tribu y es necesario que trabajemos de manera conjunta para conseguir un compromiso educativo de la sociedad. Esto irá en beneficio de aquellos que en un futuro no muy lejano liderarán el mundo: nuestros niños y niñas.

¿Qué es la conciliación?

Según define la RAE, conciliar es «conformar dos o más proposiciones o doctrinas al parecer contrarias». Un problema importante de nuestra sociedad es el «enfrentamiento» que existe entre el desarrollo de la vida familiar y personal y el de la vida profesional y, por tanto, la necesidad de armonizar ambos. La palabra conciliación es una de las más cuestionadas y reivindicadas por la sociedad.

Maite Egoscozabal, socióloga y experta en conciliación, destaca que «la conciliación depende de varios factores o agentes sociales. A nivel individual, cada persona puede hacerse responsable de afrontar una vida más equilibrada, pero lo cierto es que no es suficiente. Necesitamos que tanto las empresas como las administraciones implanten medidas bien definidas que fomenten la conciliación para todos y todas». En este sentido, la propia autora destaca tres ámbitos clave para que una persona pueda conciliar:

Ámbito personal y familiar: la conciliación será más fácil si existe un reparto equilibrado de las responsabilidades domésticas.

Las medidas de conciliación establecidas en nuestra empresa: las empresas deben responsabilizarse de las políticas de igualdad, que deben incluir medidas de conciliación iguales para todos y todas fomentando la corresponsabilidad en los hogares.

Medidas y recursos de conciliación implantadas por las administraciones públicas a través de planes y legislación.

Cabe recordar que España, en relación al resto de países de la Unión Europea, se encuentra en la parte media-baja en cuanto a la aplicación de políticas de apoyo a la familia.

Según datos del INE, solo el 27% del global de empresas en España permite el teletrabajo, mientras que la media europea está en un 35%, y la americana, en un 56%. Por tanto, queda mucho camino por recorrer en este sentido.

Vamos a profundizar en el siguiente apartado sobre la importancia del teletrabajo como un medio para la conciliación.

Teletrabajo y conciliación familiar: ¿misión imposible?

Pero, ¿por qué el teletrabajo? ¿Realmente es tan beneficioso? Podríamos responder estas preguntas señalando solo algunos de sus beneficios y que el lector extraiga sus propias conclusiones:

Muchas personas prefieren la tranquilidad de su casa para trabajar porque realizar las tareas en sus centros de trabajo es causa de distracción, incomodidad e incluso estrés, lo que hace que reste su productividad. Y según la Agencia Europea para la Seguridad y la Salud en el trabajo, entre el 50% y el 60% de las jornadas laborales perdidas son por causa de estrés. ¿Cuántas veces hemos pensado estando en nuestro lugar de trabajo lo bien que estaríamos en casa haciendo esa misma tarea?

Trabajar desde casa evita los desplazamientos y que perdamos tiempo en los mismos, dedicándolo a otras tareas y actividades de interés. ¿Cuántas veces nos hemos planteado el tiempo que perdemos en ir y venir del trabajo pudiendo evitarlo y dedicarlo a otras tareas?

Nos permiten poder estar en el hogar y atender al mismo tiempo alguna cuestión personal sin que la productividad se vea afectada. ¿Es posible estar teletrabajando y, al mismo tiempo, atender al fontanero que ha venido a hacer una reparación?

El teletrabajo facilita la conciliación familiar. Ese tiempo que no perdemos en el desplazamiento al trabajo, ¿lo podemos aprovechar para llevar y recoger a nuestros hijos del colegio?

Estos son solo algunos de los beneficios del teletrabajo relacionados con la conciliación familiar, pero estoy convencido de que hay muchos más. Y no, no es una misión imposible teletrabajar y conciliar nuestra vida familiar. Más bien nos facilita esta conciliación. Ahora bien, en los siguientes apartados entraremos en detalle sobre cómo hemos de llevar a cabo este trabajo y qué ocurre cuando tenemos hijos (sobre todo si estos son pequeños o están en casa en periodos de vacaciones escolares).

Según una encuesta realizada por la *startup* española Wave Application, los españoles manifiestan que lo que más valorarían es la posibilidad de tener horarios flexibles (76%), teletrabajar cuando lo necesiten (60%) y trabajar por objetivos frente el trabajo presencial (50%). Como vemos, uno de los aspectos que más valoramos es el **tiempo**. Y eso es justo lo que reclamamos las madres y los padres de hoy: **tiempo para poder dedicarlo a nuestros hijos e hijas**. Porque, como ya he comentado, no disponer del tiempo suficiente para dedicarlo al cuidado y educación de nuestros hijos nos lleva a vivir en un sentimiento de culpa permanente. Veamos lo que dice una madre al respecto: «En ocasiones caigo en la cuenta de que soy egoísta porque antepongo mis necesidades a las de mis hijos. Pero a veces solo quiero tener mi espacio y mi tiempo, y mis hijos son muy exigentes. Sin embargo, después me siento culpable hasta por haberlo pensado».

Para poder eliminar este sentimiento de culpa debemos empezar por aceptar que no somos madres y padres perfectos, y que no podemos llegar a todo. No somos ni superpapás ni supermamás, somos seres humanos que nos equivocamos y que no podemos tener todo bajo nuestro control. Estas cuatro claves nos ayudarán a eliminar este sentimiento de culpa:

No hay tiempo para todo. Por tanto, aprendamos a establecer un orden de prioridades. Es algo muy básico, pero casi todos empezamos a fallar por ahí y no prestamos la atención suficiente a esta clave.

Centrémonos en lo que sí hacemos con nuestros hijos y no pongamos el foco en lo que dejamos de hacer con ellos.

Cuando dediquemos tiempo a nuestros hijos, que este sea de calidad. No se trata de compartir habitación o estancia en la casa, sino de estar presentes al 100% mientras estamos con ellos (jugar, realizar actividades juntos, contarles un cuento, etc.).

Somos nosotros los que debemos adaptarnos al horario del niño, y no al revés.

No intentemos suplir el sentimiento de culpa con todo tipo de regalos, pues esto es un error.

Claves para gestionar el tiempo si tenemos hijos

No podemos comprar tiempo. ¡Ojalá! Y precisamente los que tenemos hijos nos solemos quejar de que no tenemos tiempo para nada, que al día le faltan horas. No sabemos qué hacer para estirar el tiempo y poder llegar a todo. El tiempo es el que es y tenemos el que tenemos. El día no tiene más de 24 horas por mucho que nos quejemos, lo que ocurre es que a algunas personas esas 24 horas les cunden muchísimo más que al resto, y no me refiero a los gurús de la gestión del tiempo, sino a los padres como tú y como yo que sacamos el tiempo de donde sea para **educar, atender y pasar tiempo con nuestros hijos**. ¿De qué forma podemos conseguir esto? Os voy a desvelar tres claves que nos ayudarán a conseguirlo:

Clave 1. Eliminemos los «ladrones de tiempo». Cada cual tiene los suyos. Por eso debemos identificar cuáles son los nuestros. De este modo, podremos aprovechar al máximo el tiempo que dedicamos a nuestros hijos y cada segundo que pasemos con ellos será tiempo de calidad. Veamos algunos ejemplos de estos ladrones de tiempo:

- Reuniones innecesarias que debemos saber aplazar o eliminar de nuestra agenda diaria porque no aportan nada.
- Durante el tiempo que estamos con nuestros hijos, debemos dejar a un lado el móvil, olvidar las llamadas, e-mails, WhatsApps y redes sociales... Vivamos al máximo ese momento con plena atención y dedicación.
- Apaguemos la televisión mientras estamos con nuestros hijos y atendámosles como se merecen.

Se me ocurren muchísimos más, pero debemos ser nosotros quienes identifiquemos nuestros propios ladrones de tiempo para empezar a eliminarlos y lograr que ese tiempo que pasamos con ellos sea de prioridad máxima. De esta forma, transmitiremos a nuestros hijos un mensaje claro y necesario: «en este momento vosotros sois lo más importante para mí y por eso os atiendo como os merecéis: solo estoy para vosotros».

Clave 2. Busquemos estrategias para compartir el tiempo. Busquemos momentos para compartir el tiempo con nuestros hijos: pueden ser situaciones cotidianas como, por ejemplo, mientras estamos comiendo o preparando la comida. Podemos y debemos convertir momentos cotidianos en momentos especiales. Dediquemos una parte del día para preguntarles cómo les va, qué es lo que han hecho, qué cosas buenas les han pasado durante la jornada, etc. Del mismo modo, nosotros también debemos contarles cómo nos ha ido. Es una buena oportunidad para favorecer el diálogo y la comunicación con nuestros hijos.

Clave 3. Para poder dedicar tiempo a nuestros hijos también es necesario que gestionemos su tiempo. No podemos sobrecargarlos de actividades extraescolares sin sentido solo para tenerlos entretenidos y ocupados. Es necesario dejar huecos en su agenda y que tengan tiempo para estar con nosotros, con sus amigos, con sus abuelos, etc.

Es muy importante que eduquemos con nuestro ejemplo, ya que somos su principal modelo de referencia. No podemos ni debemos transmitirles nuestras prisas y urgencias. Si no somos capaces de gestionar nuestro propio tiempo no esperemos que ellos aprendan a hacerlo. Lo único que conseguiremos es que unos y otros perdamos minutos, horas, días o semanas de poder disfrutar juntos. Y no lo olvidéis, el tiempo que pasa no se recupera, no vuelve... De ahí la gran importancia de educar y educarnos en vivir el momento presente sin las ataduras del pasado ni la proyección y urgencia del futuro. Empecemos hora mismo: cerremos el libro, dejemos a un lado nuestras obligaciones y pongámonos a jugar con nuestros hijos... Nuestro tiempo es el mejor regalo para ellos.

Teletrabajo: claves para organizarse

El teletrabajo es factible en aquellos trabajos que puedan realizarse a través de internet, con videoconferencias o a través de llamadas telefónicas (o una combinación de estas tres). Veamos algunos consejos prácticos para trabajar desde casa:

Rutina y horario

Pensar que se tiene todo el día para realizar las tareas es un error. Si no hay rutina pueden pasar dos cosas: que no se cumpla con las tareas encomendadas o que se acabe trabajando muchas más horas que en la oficina. Así que hay que marcarse un horario y cumplirlo. Hay que evitar las distracciones.

Escenario de trabajo

Hay que delimitar muy bien el lugar elegido para trabajar dentro de casa. Lo ideal, si no se dispone de despacho, es habilitar una dependencia con los máximos elementos o accesorios parecidos a los de una oficina. Hay que dejar claro, si viven más personas en casa, que eso es un despacho, para que no haya interrupciones (algo casi imposible si hay niños).

Organización y disciplina

Es muy importante organizarse y tener autodisciplina, ya que aquí no hay jefes ni compañeros observando presencialmente. Esto no debe hacer que nos relajemos y procrastinemos el trabajo para cuando estemos en la oficina.

Pijama fuera

Hay que vestir cómodo y presentable, pero lo ideal es adquirir el hábito de vestir como si fuéramos a trabajar (no tanto). Es una especie de rutina que hace que nos despojemos de la prenda que utilizamos cuando vamos a descansar o dormir.

Descansos

En casa, cuando las cosas se hacen bien, hay menos distracciones que en una oficina, donde se producen movimientos continuos de compañeros o situaciones que interrumpen la atención en la tarea encomendada. Por este motivo es necesario programar descansos que sirvan para desconectar algunos minutos al día.

Todos estos consejos están muy bien y son fácilmente llevados a la práctica si teletrabajamos en casa pero no tenemos niños a los que atender. Pero, **¿qué ocurre cuando tenemos que teletrabajar y al mismo tiempo estar con nuestros hijos? ¿Es posible? ¿Es viable?** Lo veremos con detenimiento en el siguiente apartado.

Teletrabajo con niños en casa

En el apartado anterior hemos visto algunas claves (que ya se han mencionado en el libro) para teletrabajar desde casa. Ahora bien, se nos puede presentar un escenario distinto: que nuestros hijos no vayan al colegio porque están enfermos, porque están en periodo de vacaciones escolares o porque aparece una situación extrema, como la que se ha dado con la epidemia del COVID-19. ¿Qué hacemos entonces?

Disciplina fundamental

Uno de los grandes retos cuando teletrabajamos es manejar nuestro tiempo y las distracciones. Ahora bien, que nosotros estemos en casa trabajando es una gran atracción para nuestros hijos. Por eso es necesario marcar unas pautas y establecer unas normas en la familia. Explicarles muy bien que durante nuestra jornada laboral necesitamos concentración y evitar las interrupciones. Esto en niños pequeños es complicado de conseguir porque les cuesta entenderlo. Una manera de conseguirlo es establecer un horario y rutinas similares a los que siguen en el colegio (no los mismos, ya que no vamos a sustituir jamás el papel del colegio en ese sentido) y plantear actividades y tareas alternativas a las que realiza en la escuela. No se trata de sentar a los niños a hacer fichas, lectura y que ocupe todo el tiempo con tareas escolares; se pueden hacer otras actividades más motivadoras que normalmente no realiza.

También es necesario establecer espacios y tiempos para que dediquemos momentos de calidad en familia: decorar alguna zona de la casa, poner en práctica alguna receta de cocina, etc.

Actividad física

Como hemos destacado en el apartado anterior, es bueno realizar descansos a lo largo de la jornada. Un momento ideal para realizar estiramientos que nos eviten dolores de espalda. También en esos momentos de descanso podemos aprovechar para fomentar la actividad física en los niños introduciéndolos a través de algún vídeo con ejercicios adaptados a su edad: yoga para niños, gimnasia infantil o ideas para crear circuitos en el pasillo, etc.

La práctica deportiva reduce la ansiedad, mejora el humor y la calidad del sueño y disminuye el sobrepeso. Esta es otra de las actividades que podemos hacer con nuestros hijos en casa, adaptando los ejercicios al espacio y materiales de los que disponemos.

Gestionar el tiempo

Todos los momentos del día no son siempre productivos. Por este motivo, hemos de buscar el momento ideal para realizar las tareas que requieran de una especial concentración por nuestra parte cuando nuestros hijos están más relajados (incluso durmiendo) y demanden menos atención. Esto será posible siempre y cuando las tareas no requieran de una disponibilidad inmediata.

Organizar actividades divertidas cuando finalicen sus tareas

Cuando nuestros hijos finalicen las tareas propuestas en el horario que hemos establecido, podemos plantear actividades divertidas para que se entretengan. No se trata de aparcar a nuestro hijos delante de la televisión y la tablet, ya que debemos limitar el tiempo de exposición a las pantallas, pero pueden ser un aliado para ayudar a nuestros hijos a diversificar actividades durante días. Por este motivo recomiendo otras actividades como: pintar o realizar manualidades siguiendo vídeos online, jugar con sus juegos o juguetes, jugar con los hermanos (si los hay) a juegos de mesa, etc.

Si nos decantamos por la tecnología respetando el tiempo de conexión, recomiendo juegos educativos, vídeos educativos, coreografías o bailes, etc.

Es el momento ideal parta llevar a cabo el juego libre, ya que este potencia habilidades como la creatividad, el autocontrol, la flexibilidad mental y la autonomía. No siempre podemos ni debemos estar dirigiendo el juego de nuestros hijos.

Para que todo esto sea una realidad y no quede en papel mojado debemos seguir algunas pautas que nos ayudarán:

- Hablar con nuestros hijos y explicarles que estamos en casa pero trabajando. De este modo evitaremos las interrupciones y que constantemente reclamen nuestra atención.

- Separar espacios en el hogar: los de trabajo y los de la realización de otras actividades.

- Fijar horarios pero teniendo en cuenta que hemos de ser más flexibles en los objetivos que nos marcamos.

- Mantener una actitud positiva y dar ejemplo. No podemos controlar cómo se comportan nuestros hijos y lo que hacen en este tipo de situaciones, pero sí podemos controlar nuestra reacción ante lo que estos hacen.

- Hacer un uso responsable de la tecnología teniendo en cuenta el tiempo de exposición a las pantallas según la edad del niño. También podemos añadir un tiempo de pantallas compartido.

- También pueden y deben aburrirse. Habrá momentos en los que se quejarán porque están aburridos, no hay problema. Como he indicado anteriormente, no podemos estar continuamente dirigiendo el juego de nuestros hijos ya que somos padres, no animadores socioculturales de nuestros hijos.

En cuanto al uso de pantallas, destaco las recomendaciones de la periodista María Zabala:

1. Planifiquemos por bloques de uso más que por horas, porque puede que tengamos que ir cambiando en función de nuestras propias responsabilidades, por momentos. Por ejemplo:

- 1 bloque largo por la mañana
- 2 bloques cortos por la tarde
- O al revés o combinados, si es lo que necesitamos para poder cubrir nuestras propias tareas.

Las recomendaciones de expertos nos dicen que hasta los 2 años de edad, cero pantallas salvo comunicación; hasta los 5 años, no más de 2 horas; desde los 6 años, equilibrio y normas. Cumplirlo es recomendable pero no siempre posible y, en todo caso, de lo que se trata —también siguiendo a los expertos— es de tiempo, pero sobre todo de calidad e intención del contenido y de compañía del adulto. Que las pantallas no sustituyan al resto de la vida infantil, sino que la complementen de manera progresiva y razonada.

2. Pensemos en una diferencia de uso para cada bloque.

Por ejemplo:

- 1 bloque de ocio pasivo (ver videos, ver dibujos, ver la tele, mirar sin más);
- 1 bloque de pantallas que sustituyan la que sería actividad normal: algo de movimiento, algo de aprender, algo de juego, algo de conocer cosas nuevas, algo de comunicarse con familia o amigos;
- 1 bloque de juego creativo: algo de dibujo, música, manualidades...

3. Preparemos con nuestros hijos un mapa de esos bloques:

Una cartulina coloreada, un cartel con fotos, lo que sea. Y lo colocamos en un lugar común de la casa.

En la práctica...

Para acercarme un poco más a la realidad, he preguntado a padres como nosotros que teletrabajan en casa qué opinan sobre esta modalidad de trabajo y qué dificultades encuentran a la hora de teletrabajar con hijos. Estas son las preguntas que les he planteado:

- **¿Cuáles son las principales ventajas/beneficios del teletrabajo?**
- **¿Crees que el teletrabajo facilita la conciliación familiar? ¿De qué forma?**
- **¿Qué dificultades encuentras a la hora de teletrabajar con niños en casa?**

Estas han sido las respuestas:

Ana de Frutos Herrero, madre de una niña de 6 años

1. ¿Cuáles son las principales ventajas/beneficios del teletrabajo?

La principal ventaja es la flexibilidad horaria y la optimización del tiempo. Ahorramos el tiempo del desplazamiento, lo que supone entre una y dos horas diarias de media en ciudades como Madrid. Permite poder compatibilizar el trabajo habitual con otras actividades familiares o de ocio de una forma mucho más sencilla.

2. ¿Crees que el teletrabajo facilita la conciliación familiar? ¿De qué forma?

Por supuesto. El hecho de no tener que desplazarnos a la oficina (en mi caso a muchos kilómetros de mi domicilio) facilita poder realizar tareas tan necesarias y satisfactorias como llevar a los niños al colegio sin dependencia de otras personas. El tiempo dedicado a la familia es mayor y de más calidad, ya que se reduce este punto de estrés.

3. ¿Qué dificultades encuentras a la hora de teletrabajar con niños en casa?

La mayor dificultad es hacerles entender que, aunque estemos en casa, estamos trabajando y no disponemos de tiempo para poder jugar o estar con ellos al 100%, por lo que las interrupciones son habituales. Por este motivo, todo debe ser más flexible (horarios de entrada y salida, descansos, compensación de horas, etc).

José Carlos Rincón Guerrero, padre de dos hijos (un niño de 8 años y una niña de 2 años)

1. ¿Cuáles son las principales ventajas/beneficios del teletrabajo?

Ahorro de tiempo y costes de desplazamientos, que se pueden aplicar a uso personal/privado. Entorno con menos distracciones, lo que deriva en poder centrarse mejor y durante más tiempo en las tareas.

2. ¿Crees que el teletrabajo facilita la conciliación familiar? ¿De qué forma?

Si, además de poder disponer de más tiempo, también facilita que, en caso de necesidad, se puedan realizar gestiones personales que en caso de estar en la oficina se dificultan. Todo esto sin que vaya en perjuicio del trabajo.

3. ¿Qué dificultades encuentras a la hora de teletrabajar con niños en casa?

Es difícil hacerles entender que se está trabajando aunque estemos en casa y, por tanto, hay que definir muy bien las pautas de tiempo para los descansos.

Paula Londoño Orrego, madre de dos hijos (un niño de 7 años y una niña de 3 años)

1. ¿Cuáles son las principales ventajas/beneficios del teletrabajo?

Ahorras el tiempo del desplazamiento que puedes emplear para otras cosas. Te puedes concentrar más para ciertas tareas y favorece la conciliación familiar en muchos sentidos.

2. ¿Crees que el teletrabajo facilita la conciliación familiar? ¿De qué forma?

Sí y más aún si tienes flexibilidad horaria además de teletrabajo. Puedes organizarte con tu pareja para dedicar más tiempo a los hijos u otras actividades.

Puedes reorganizar los días en función de tus necesidades, por ejemplo citas médicas, reuniones del colegio, etc.

3. ¿Qué dificultades encuentras a la hora de teletrabajar con niños en casa?

Que tienes múltiples interrupciones y al final debes alargar la jornada. Te genera más estrés si tienes reuniones o vídeoconferencias y necesitas silencio.

Gema Mira Avilés, madre de un hijo (un niño de 2 años)

1. ¿Cuáles son las principales ventajas/beneficios del teletrabajo?

Ahorro de tiempo y dinero en el desplazamiento. Comodidad. Mayor productividad, aunque realmente tengas más parones a lo largo del día, es más efectivo el tiempo de trabajo.

2. ¿Crees que el teletrabajo facilita la conciliación familiar? ¿De qué forma?

Lo que realmente facilita es realizar cualquier movimiento (colegio, médico, ...) sin tener que hacer un traslado a tu lugar de trabajo. Permite pasar más tiempo con tu familia y poder organizarte mejor el día.

3. ¿Qué dificultades encuentras a la hora de teletrabajar con niños en casa?

Si son muy pequeños no entienden el concepto de trabajar y quieren atención todo el tiempo. Esto conlleva muchas veces que las jornadas se dilaten más allá del horario que haríamos en la oficina.

En resumen...

- El teletrabajo evita desplazamientos y perder tiempo en los mismos, pudiéndolo dedicar a otras tareas.
- Nos permite estar en el hogar sin restar nuestra productividad.
- Facilita la conciliación familiar.

Claves para teletrabajar con niños en casa

Evitar las distracciones: Explicarles muy bien que durante la jornada laboral de los padres necesitamos concentración y evitar las interrupciones.

Actividad física: En esos momentos que realicemos algún descanso podemos aprovechar para fomentar la actividad física en los niños introduciéndolos a través de algún vídeo con ejercicios adaptados a su edad.

Gestionar bien el tiempo: Hemos de buscar el momento ideal para realizar las tareas que requieran de una especial concentración por nuestra parte cuando nuestros hijos están más relajados (incluso durmiendo) y demanden menos atención.

Organizar actividades divertidas y entretenidas más allá de las tareas: Cuando nuestros hijos finalicen las tareas propuestas en el horario que hemos establecido, podemos plantear actividades divertidas para que se entretengan. No destinar todo el tiempo a estar delante de las pantallas.

Aprovechar la oportunidad para que desarrollen el juego libre permitiendo dar rienda suelta a su creatividad y, por qué no, momentos para el aburrimiento.

Bibliografía recomendada

Escuela de Padres de 0 a 6 años, Óscar González (Editorial Amat).
Escuela de Padres de 6 a 12 años, Óscar González (Editorial Amat).
Escuela de Padres de adolescentes, Óscar González (Editorial Amat).
Tus hijos y las nuevas tecnologías. Consejos y pautas para educarlos y protegerlos, Óscar González (Editorial Amat).
Más cerca del hogar, Javier Urra (LID Editorial).
REMOTO: No se requiere oficina, Jason Fried y David Heinemeier Hansson (Ed. Empresa Activa).
Reinicia, Jason Fried y David Heinemeier Hansson (Ed. Empresa Activa).

Webs recomendadas
www.serpadres.es
www.clubdemalasmadres.com
www.escueladepadrestrespuntocero.es

08

Nutrición cuando teletrabajamos

Laura Isabel Arranz

¿Dónde comemos de forma más saludable, dentro o fuera de casa? Muchas veces nos quejamos de que no comemos del todo bien con la excusa de que por nuestros horarios de trabajo tenemos que hacerlo fuera de casa. Y cuando estamos trabajando en casa nos quejamos de lo difícil que es alimentarnos saludablemente porque tenemos las «tentaciones» muy a mano. Entonces, ¿qué es lo difícil? El problema no es si comemos fuera o en casa, pues en ambos casos es posible seguir unos buenos hábitos alimentarios. La dificultad reside en deshacernos de nuestros malos hábitos y despegarnos de ciertos vínculos emocionales o conductuales que tenemos con la comida, y que se acentúan en determinadas situaciones, bien sea por el estrés, la ansiedad, la monotonía o el aburrimiento. En el contexto del teletrabajo podemos estar sometidos a cualquiera de estas alteraciones. Tenemos la presión de llegar a nuestros objetivos, pero estamos trabajando solos, de forma mucho más monótona y aburrida, sin distracciones y sin compañeros con quien comentar espontáneamente algo o con quien tomar un café para hacer un descanso. A pesar de todo, sabemos que comer de forma saludable es imprescindible para mantener un buen estado de salud general, para tener un peso adecuado según nuestra edad, sexo y complexión, para evitar que se alteren nuestros niveles sanguíneos de glucosa, colesterol, triglicéridos, etc., para disfrutar de un nivel óptimo de vitalidad y de un buen estado de ánimo, e incluso para disfrutar de un sueño más reparador. Entonces, ¿cómo lo podemos hacer más fácil? Trabajar en casa requiere rutinas, buenos hábitos y responsabilidad en muchos sentidos y, por supuesto, también en lo que se refiere a mantener nuestra salud en plena forma, eso sí, sin dejar de disfrutar al cuidarnos.

En general, una buena nutrición se produce cuando nos alimentamos de manera que tomamos las calorías justas y necesarias, ni más ni menos, y cuando tomamos todos los nutrientes que nuestro cuerpo necesita (vitaminas, minerales, antioxidantes, hidratos de carbono, proteínas, grasas saludables, fibra, etc.). Si no lo hacemos bien, las consecuencias para la salud son muchas y se pueden clasificar en tres grupos:

• **Desnutrición**: Se produce si comemos menos calorías de las que necesitamos y, por tanto, tampoco tomamos los nutrientes mínimos que necesita nuestro organismo. Esto se traduce en bajo peso y en un mal funcionamiento de muchos órganos y tejidos. En extremo, incluso puede llevarnos a la muerte. Aunque, tristemente, esta situación es mucho más frecuente en países en vías de desarrollo o en estado de guerra, y no es muy habitual en países desarrollados como el nuestro, sí puede darse en personas con trastornos de la conducta alimentaria, así como en personas con algunas enfermedades crónicas.

• **Sobrenutrición**: Se da esta situación cuando ingerimos demasiadas calorías, más de las que gastamos para mantener nuestras funciones básicas y nuestra actividad física y mental. Sea por un exceso pequeño que se acumula día tras día o sea por excesos mayores cometidos de vez en cuando, la consecuencia de esto es el sobrepeso y la obesidad debida a una excesiva acumulación de grasa corporal. Este problema no se queda ahí; no es algo solo estético y superficial, sino que a su vez puede generar otros problemas de salud graves, como la diabetes, la hipertensión arterial, la hipercolesterolemia, las enfermedades cardiovasculares, problemas articulares y un largo etcétera.

• **Hambre oculta**: ¡Cuidado con esto! Este término fue definido hace relativamente pocos años por la OMS y se trata de una situación en la que las personas pueden estar consumiendo las calorías necesarias, o incluso un exceso de ellas, pero no consumen un nivel suficiente de nutrientes como vitaminas, minerales, ácidos grasos saludables como los omega-3, fibra, etc. Los resultados de este comportamiento son todos los ya mencionadas en el punto anterior, pero exiten muchas más consecuencias a nivel neurológico, psicológico, inmunitario, etc., pues nuestro organismo tiene todo lo negativo, es decir: exceso de calorías y carencia de los nutrientes necesarios. Lo peor de todo es que esta situación es más habitual de lo que nos pensamos en nuestra sociedad desarrollada, en la que solemos comer demasiado y mal.

Así, en el contexto del teletrabajo, **¿cómo debemos comer para potenciar un buen estado de salud y un buen rendimiento?** Es imprescindible una buena alimentación dentro de unas rutinas adecuadas que en su

Comer demasiado y de forma desequilibrada nos hace más propensos a prácticamente todas las enfermedades, empeora nuestro rendimiento físico y cognitivo y afecta negativamente a nuestro estado de ánimo.

conjunto den lugar a un estilo de vida saludable. El siguiente decálogo puede ayudarnos.

Decálogo de recomendaciones nutricionales para el teletrabajo:

1. Seamos constantes en los horarios de las comidas. Para el buen funcionamiento de nuestra maquinaria, es sumamente importante tener unas rutinas que se deben ir repitiendo todos los días, por lo menos aquellos en los que estamos teletrabajando. Esta recomendación es aplicable a las comidas, a la actividad física, a la exposición a la luz solar, al sueño y, por supuesto, al trabajo. ¿Por qué todo esto importa en relación a la alimentación?:

- **Horarios de las comidas:** Si cada día desayunamos, comemos y cenamos aproximadamente a la misma hora, nuestras funciones internas, como las metabólicas, el tránsito intestinal, la regulación del apetito y del peso corporal, etc., funcionarán mucho mejor. Así, tendremos menos hambre entre horas, iremos al baño de manera más regular y sin problemas, mantendremos mejor nuestros niveles de glucosa en sangre, además de otros parámetros, y también controlaremos nuestro peso. Toda esta regularidad nos aporta un bienestar que redunda de forma clara en nuestra capacidad y rendimiento en el trabajo, además de contribuir a una buena organización de las tareas a realizar.

- **Actividad física:** Hay muchos motivos de salud para realizar ejercicio físico, pero también hay algunos relacionados con la alimentación. Si nos mantenemos activos, nuestro organismo será metabólicamente más eficaz, quemará mejor las calorías, pues mantendremos a tono la masa muscular y, además, se regularán mejor las señales de hambre y saciedad. El teletrabajo es de por sí sedentario, de manera que hay que procurar activar el cuerpo más o menos cada dos horas y hacer alguna actividad siguiendo los consejos de los expertos en el tema; lo óptimo es hacerlo cada día. En general, es más recomendable realizar la actividad por la mañana, así activamos nuestro organismo en el inicio del día, y, si es posible, antes del desayuno o un ratito antes de comer, así recuperaremos bien el glucógeno muscular gastado y evitaremos cansancio muscular al día siguiente, entre otras cosas.

- **Exposición a la luz solar:** La luz solar es esa señal que ajusta nuestros relojes internos, el de sueño y vigilia, pero también la actividad intestinal y metabólica. Así que, ¡es muy importante que nos de la luz natural! Especialmente en las primeras horas de teletrabajo por la mañana, es importante ubicarnos en el lugar más luminoso de la casa y librarnos de la luz artificial. Apunta esto: lo ideal es que nos de la luz del sol cada día durante un rato por dos motivos. El primero, porque esto ayuda a que nuestro cuerpo se active y fabrique serotonina, que es la hormona de la vitalidad y el buen humor, entre otras cosas, de manera que nos sentiremos mejor y trabajaremos más motivados y felices. El segundo motivo es porque la luz solar en contacto con nuestra piel ayuda a fabricar la única vitamina que escasea en los alimentos, la vitamina D, que, además de ser importante para nuestros huesos, también lo es para nuestro sistema inmunitario y nuestro estado de ánimo. Por tanto, el sol es energía vital y también nos nutre con una de las vitaminas más importantes.

- **Sueño:** Como muy bien nos dicen los expertos, si mantenemos buenos hábitos de sueño, lo que supone mantener ciertos horarios a la hora de acostarnos y dormir entre 7 y 8 horas cada día, nuestra salud mejora, aumenta nuestra capacidad cognitiva y nuestro sistema inmunitario también se refuerza. Pero no es solo eso: también funcionará mejor nuestro metabolismo y, curiosamente, también las señales de saciedad y regulación del peso corporal. Dormir es la única actividad sedentaria que no engorda. No dormir suficiente de una forma continuada es lo que nos hace engordar. ¿Por qué? Por muchos motivos. En primer lugar, porque cuando dormimos pocas horas, al día siguiente, de forma inconsciente, comemos alrededor de un 30% más para compensar el cansancio y la falta de energía. En segundo lugar, también es sabido que las personas que duermen mal o poco tienen más probabilidades de tener el metabolismo alterado, con problemas como puede ser la resistencia a la insulina, que es una situación previa a la diabetes. Y en tercer lugar, nuestra memoria y capacidad de aprendizaje también se van a ver afectadas si no dormimos lo suficiente. Queda claro que para un buen rendimiento en nuestro contexto de teletrabajo, el sueño también es vital.

Es evidente que si comemos a cualquier hora, no hacemos nada de actividad física, no salimos para que nos de la luz del día, y dormimos mal, poco y sin horarios, la maquinaria se va a descompensar y a debilitar, lo que afectará al rendimiento de trabajo, pero también al resto de áreas de nuestra vida. Por ello, es importantísimo respetar nuestras necesidades fisiológicas más básicas.

2. Ajustemos el número de comidas al día: ¿Cuántas veces al día debemos comer? ¿Tres, cuatro, cinco...? Seguramente dependerá de las rutinas que hayamos adquirido y de cómo repartamos nuestra carga de trabajo. Aunque se trata de un tema controvertido, porque en realidad no es 100% necesario realizar cinco comidas al día, el hecho de hacerlas nos ayuda a conseguir, principalmente, dos objetivos.. El primero es que contribuye a que podamos tomar todos los nutrientes que necesitamos. ¿Recuerdas lo que he comentado sobre el hambre oculta? Si comemos tres veces al día y no lo hacemos de forma variada, bien equilibrada y completa, es fácil que en el día a día nos estén faltando nutrientes. Y el segundo objetivo es que nos ayuda a no acumular tanto apetito, pues con cinco comidas al día comeremos más o menos cada tres horas. Por ejemplo, si nos levantamos alrededor de las 7 h o las 8 h de la mañana, podemos desayunar, tomar algo ligero más tarde (hacia las 10.30 h y las 11h), comer hacia las 13.30h o las 14h, merendar hacia las 17 h y cenar entre las 20 h y las 20.30h. Si nos levantamos más tarde o no desayunamos hasta las 10 h, por ejemplo, ya no será necesario comer algo a media mañana. Haciendo cinco comidas al día y con este reparto horario aproximado que os propongo, dejamos un espacio de ayuno nocturno de entre 10 y 12 horas, que es el mínimo de horas que deberíamos pasar sin comer, pues eso ayuda a recuperar todas las funciones corporales. Procuremos ese descanso digestivo nocturno y nos sentiremos mucho mejor.

3. Demos importancia a las dos colaciones entre horas (toma ligera hacia las 10 de la mañana y merienda): Es muy importante pautar las comidas más ligeras de entre horas, como la de media mañana y la de media tarde (o merienda), e incorporar, si no lo hacemos ya, alimentos como la fruta, los frutos secos (crudos o tostados, pero sin sal) o los yogures. Pero, ¿es realmente necesario tomar algo entre horas si no tenemos hambre o estamos concentrados trabajando? No es estrictamente necesario, pero si entendemos los beneficios que nos aportan, nos daremos cuenta de por qué son recomendables. Comer algo a media mañana o a media tarde nos ayuda a:

- Repartir las calorías que tomamos durante el día.
- Evitar excesos en las comidas principales por acumular hambre.
- Incorporar todos los nutrientes que necesitamos al día.
- Evitar el picoteo descontrolado.

A un adulto con un trabajo sedentario en casa le bastará con unas colaciones ligeras, que se pueden pautar como descansos breves en los que aprovechemos para, levantarnos, movernos un poco y tomar ese tentempié ligero que nos ayude a seguir trabajando sin necesidad de picar o acumular apetito hasta la siguiente comida. A quienes les resulte difícil cambiar una bolsa de patatas, unos palitos o unas galletas por una manzana, pueden tomar pequeñas recetas de snacks saludables como:

- Un bol con una fruta cortada a trocitos, con una cucharada de semillas de sésamo o de crema de almendra, o incluso con una cucharada de miel si se desea un un toque dulce.

- Un plato con un puñado (lo que quepa en nuestra mano) de frutos secos variados tostados con un toque de pimienta negra u orégano (o simplemente solos, sin especias).

- Un bol con tres nueces y una onza de chocolate negro.

- Un yogur con una cucharada de semillas de chía y otra de coco rallado o de virutas de chocolate negro.

- Un bol con ocho o diez aceitunas o con un mix de aceitunas y vegetales encurtidos como pepinillos, cebolletas, zanahoria...

> El libre albedrío en las comidas y picar entre horas nos puede perjudicar mucho, y siempre es mejor tener unas colaciones entre horas pautadas y que nutricionalmente sean correctas para sentirnos con más energía, más concentración y ánimo.

4. Disminuyamos un poco las cantidades de lo que comemos: Cuando nuestro trabajo es sedentario debemos ajustar muy bien la cantidad de lo que comemos. Estamos acostumbrados a unas raciones determinadas, pero va muy bien disminuirlas un poco, y realmente ver qué cantidad de comida es la que ya nos deja saciados y así no comer más de la cuenta. No es cuestión de reducir mucho; solo con reducir entre un 10% y un 20% la ración que habitualmente tomamos no ingeriremos más calorías de las necesarias y seguramente quedaremos saciados de igual manera. Lógicamente, este consejo no aplica a las personas muy delgadas que necesitan aumentar de peso o a las que tienen patologías que generan un elevado desgaste muscular y corporal. Pongamos también el foco en esos extras que a veces tenemos costumbre de tomar (un café y un dulce después de comer, algo de chocolate, unas galletas, etc.). Si podemos evitarlo o reducirlo al mínimo, mucho mejor, pues se trata de azúcares extra que no nos ayudan, e incluso nos pueden provocar subidas y bajadas bruscas de nuestro nivel de energía.

5. Procuremos hidratos de carbono al mediodía y más proteínas por la noche: Aunque en todas las comidas principales (desayuno, comida y cena) es bueno que haya un poco de todo, lo ideal es que los hidratos de carbono (cereales, pan, pasta, patatas...) se concentren en la mañana y el mediodía, y que las proteínas sean las protagonistas de nuestras cenas. De manera que si queremos tomar un plato de pasta, arroz, legumbre, empanada, pizza, quiche, etc., es mejor que lo hagamos durante la comida del mediodía. Por la noche, lo ideal es ingerir verduras y ensaladas con tortillas, pescado o carne blanca. Y si tomamos una pizza por la noche, que sea porque se trata de un día especial, y que la ración siempre sea moderada y se acompañe de una ensalada.

6. ¡A cocinar! Estar en casa trabajando nos permite, además de tener más tiempo (pues no lo perdemos en desplazamientos), organizarlo a nuestra manera, y ello nos posiblita estar más implicados en la preparación de nuestras comidas. ¡Es una suerte! Aunque no nos guste cocinar, para comer bien se requiere un tiempo mínimo de preparación de las comidas. Esto tiene varios beneficios. El primero es que nos mantendrá distraídos durante más ratos del día, pero también hará que nuestras comidas sean más apetecibles y nos produzcan más placer. No olvidéis que el placer de comer es un instinto básico, y por esta razón es muy necesario conservarlo para nuestro nivel de satisfacción, pero con buenos hábitos y buenas comidas.. Si hemos disfrutado con la comida que nos hemos preparado, después de comer no estaremos ansiosos buscando dulces o alimentos nada sanos, lo que nos ocurre a todos (o a casi todos) si hemos comido sin sentir placer. Las redes sociales están repletas de ideas, así que ¡a por ello! Y no penséis que requiere mucho tiempo, solo necesitamos entre diez y treinta minutos para preparar comidas y cenas deliciosas.

7. Basemos nuestra alimentación en vegetales frescos y de temporada: Es vital procurar basar la alimentación en productos frescos y de temporada, de manera que no nos pueden faltar las verduras y las frutas. Y cuando digo «vital» estoy haciendo una afirmación literal, pues en esos alimentos se concentra gran parte de las "vita"-aminas (vitaminas) que podemos tomar con los alimentos. Pero no solo eso, también nos aportarán minerales, agua, fibra y antioxidantes que son clave para nuestro bienestar. Así, hay que tomar fruta y verdura cada día, idealmente cinco raciones y la mayor parte de ellas crudas precisamente para conservar ese contenido en nutrientes esenciales. ¿Cuándo tomar esas frutas y verduras?

Hagamos unos cálculos: la provisión semanal de fruta y verdura para una persona que teletrabaja y que hace prácticamente todas las comidas en casa tiene que estar alrededor de 5 o 6 kg. Si sois una familia de 4 personas, esto significa que semanalmente deberíamos comprar unos 30 kg de fruta y verdura.

- Tres frutas: repártelas entre el desayuno, la media mañana, el postre de la comida y la merienda o el postre de la cena (aunque en el postre de la cena es mejor tomar un yogur).
- Dos raciones de verdura (1 cruda y 1 cocinada): una al mediodía en la comida y otra en la cena.

Si todavía te estás preguntando: ¿verdura cada día?, la respuesta es, definitivamente, sí.

8. Preparemos nuestra lista de la compra: Además de los 30 kg de fruta y verdura (¡yo lo pido *online*!), nos va a venir muy bien que no nos falten alimentos como:

- Legumbres, arroz (largo, bomba e integral), pasta (normal, fresca e integral), cereales (copos de avena y otros cereales para desayunos sin azúcares añadidos), crackers integrales.

- Frutos secos como almendras, nueces, pistachos, avellanas, anacardos, siempre sin sal añadida.

- Lácteos: principalmente el yogur, pero también alguna cuajada, por ejemplo como postre lácteo ligero y saludable, y leche semidesnatada si la tomáis.

- Bebidas vegetales: de avellana, coco, avena, almendras... sin azúcares añadidos. Son ideales para el desayuno, pero también para beber algo saludable en la merienda.

- Huevos, pescado (si estos días os va mejor puede ser congelado), carne blanca (pollo, pavo, cerdo magro, conejo). La carne y el pescado se puede comprar fresco y después congelar raciones. Evitad carne roja y derivados como las hamburguesas o las salchichas, o tomadlas muy ocasionalmente. ¿Os explico un truco? En casa hacemos muy de vez en cuando hamburguesas caseras con carne mixta, copos de avena finos en lugar de pan rallado y un picadito de ajo y perejil. Los copos de avena aportan fibra a la hamburguesa y hace que se absorba menos la grasa y el colesterol.

- Conservas: de verduras, como alcachofas, judías, borraja, tomate triturado, etc., de legumbres y de pescado, especialmente bonito, caballa y sardinillas, que pueden ser de gran ayuda para tomar pescado azul estos días.

9. Hidratémonos con agua principalmente: Agua, agua y más agua… Hay que beber. Estar bien hidratados nos permite una mejor funcionalidad de nuestra maquinaria, un mejor rendimiento cognitivo y también mantenernos más "limpios" por dentro. En nuestra mesa de trabajo tiene que haber siempre una botella de agua. La vida en nuestras células, tejidos y órganos se desarrolla en fluidos en los que el agua es imprescindible. Cuando nacemos somos alrededor de un 80% de agua y ese porcentaje va disminuyendo con la edad. De adultos deberíamos estar entorno al 60%, cuando muchas personas están en niveles mucho más bajos. Por eso, evitemos tomar a diario refrescos, cerveza y otras bebidas que no harán más que incorporar calorías innecesarias o sustituir a algo tan valioso para nuestro cuerpo como el agua. ¿Ideas? Agua, agua con gas, agua aromatizada con lima o limón, con jengibre, anís estrellado, etc. Y también, infusiones y los caldos en invierno.

Un apunte sobre el café y la hidratación. Existe controversia sobre si el café deshidrata, pero en lo que sí hay consenso es en recomendar que si se toma café durante el día es importante mantener una buena ingesta de agua. Por eso, si tomas café, que no sean más de dos al día y acompáñalo siempre de un vaso de agua.

10. Comamos de manera consciente: Cuando vayamos a comer que sea realmente un descanso de desconexión. Preparemos la comida, la mesa, bebamos agua antes de empezar, sirvámonos nuestra ración y a partir de ahí, olamos, observemos y disfrutemos de la comida sin prisas y sin demasiadas distracciones, pero sí en compañía, si podemos. Las comidas principales deben durar por lo menos 30 minutos, de lo contrario al cuerpo no le da tiempo a «darse cuenta» de que hemos comido, con lo que no generará señales de saciedad y al poco rato tendremos hambre otra vez. Además, si comemos rápido no masticaremos bien y eso es una sobrecarga para nuestro sistema digestivo. ¡Mindfulness o atención plena en el comer!

¿Qué debemos evitar?

Picar entre horas de forma descontrolada: ¿Por qué? Porque lo que picamos entre horas de forma descontrolada no suelen ser alimentos de perfil muy saludable, de manera que estamos aumentando la ingesta de calorías y disminuyendo la de nutrientes buenos que no nos deberían faltar. Aunque estar en casa pueda invitar a ello, debemos evitar picar chucherías, dulces o snacks.

Exceso de alimentos procesados como dulces, snacks y otros: No todos ellos, pero la mayoría de los alimentos procesados contienen cantidades considerables de azúcares, grasas y grasas saturadas (no saludables en exceso), además de ser muchas veces más calóricos que opciones con alimentos frescos. Es vital procurar basar la alimentación en productos frescos y de temporada, de manera que no nos pueden faltar las verduras y las frutas, además de otros alimentos. Así, mantendremos un buen nivel de ingesta de nutrientes que nos van a mantener sanos, fuertes y resolutivos como las vitaminas, minerales, fibra y antioxidantes.

Exceso de café: Aunque tomar hasta 2 cafés al día no tiene un impacto negativo y aunque este es un tema controvertido, lo mejor es no excederse. ¿El motivo? El café aumenta nuestro estado de alerta, ya que eleva nuestros niveles de hormonas del estrés y eso no es muy positivo para nuestro metabolismo a largo plazo. Además, podemos estar entrando en un círculo vicioso de falta de vitalidad en la que mantenemos nuestra sensación de energía a base de cafés, cuando en realidad esa sensación es mucho mejor y más constante cuando comemos de forma saludable y equilibrada, incluso sin tomar café. Además, las personas sensibles a la cafeína deben tener cuidado de no tomarlo a partir del mediodía para evitar que haya una afectación de conciliación del sueño por la noche. Café y dulces es un cóctel que nos puede dar un "chute" inicial de energía muy potente, pero no va a hacer más que hacernos tener altos y bajos de esa sensación y también de hambre.

¿Qué hacemos si aún con todos estos consejos tenemos ansiedad y ganas de picar lo que no debemos?

Los mejores trucos si seguimos cayendo en la "tentación" son:

Compra saludable: no tengamos en casa lo que no debemos comer.

Tres pasos para parar el impulso de comer por "ansia": cuando nos demos cuenta de que asaltaríamos el armario o la nevera, paremos un momento, contemos hasta 10, preparémonos un vaso de agua aromatizada con algo de zumo de lima o limón (o una infusión), tomémosle relajadamente, después preparémonos una fruta o unos frutos secos comiéndolos despacio y, si a pesar de todo esto, el deseo persiste, comamos un capricho en ración pequeña y controlada, disfrutándolo al máximo y con el pensamiento de que la próxima vez con la fruta o frutos secos tendremos suficiente.

Insistencia: Somos animales de costumbres y los buenos hábitos requieren de cierto entrenamiento. Repitamos aquello que sabemos que nos conviene, intentando disfrutarlo con preparaciones más apetecibles, y nos daremos cuenta de que hemos reeducado nuestros gustos (las vías de estimulación del placer llegan a modificarse de manera que ya no disfrutamos con lo que no es sano y sí con lo saludable).

Cambiemos y disfrutemos siempre: el placer de comer es un instinto básico que no debemos perder, solo tenemos que reconducirlo.

Menú para el teletrabajo en casa				
	LUNES	**MARTES**	**MÍERCOLES**	**JUEVES**	**VIERNES**
DESAYUNO	Café con bebida de avena + tostada de pan integral con aguacate y sésamo	Yogur con trozos de ¼ de aguacate, ½ plátano, 4 nueces y virutas de coco	Café con leche semi-desnatada + tostada de pan integral con tomate y jamón	Cacao soluble con bebida de avellana + copos de trigo integrales o copos de avena	Zumo de naranja natural + tostada de pan integral con aguacate y queso fresco
MEDIA MAÑANA	Infusión o café + 1 plátano	Infusión o café + 1 puñado de almendras tostadas	Infusión + 1 bol de fresas	Infusión o café + 3 nueces y 1 onza de chocolate negro	Infusión + bol de trozos de manzana con 1 cucharada de crema de almendra
COMIDA	Arroz con verduras (puerro, calabacín, zanahoria y brócoli) + pechuga de pavo a la plancha con orégano (tempeh para opción vegetariana)	Lentejas rojas con arroz largo (a modo de Dhal indio) + lomo a la plancha con especias (tofu para opción vegetariana)	Tortellini de setas con pimienta negra, aceite y sal + hamburguesa mixta con pimiento asado (burguer veggie para opción vegetariana)	Judías verdes con patata y zanahoria + brocheta de pollo con pimiento y cebolla (brocheta de tofu con pimiento y cebolla para opción vegetariana)	Col rizada (o col lombarda) salteada con ajo, puerro y trocitos de almendras + pollo asado con toque de laurel (garbanzos para opición vegetariana)
MEDIA TARDE	1 yogur con virutas de coco	1 plátano + 1 onza de chocolate negro	1 puñado de pistachos	1 naranja con 1 cucharada de miel	125 g de kéfir + 1 onza de chocolate negro

CENA	Acelgas con patata aliña-das al gusto + tortilla de queso y pizca de tomate frito	Sopa con fideo fino + tosta de pan integral con verduras asadas y atún (humus en lugar de atún para opción vegetariana)	Crema de calabaza y brócoli + pescado re-bozado con pan y sésa-mo (revuelto de setas para opción vegetariana)	Alcachofas asadas y aliñadas al gusto + tortilla de patata, calabacín y cebolla	Ensalada variada + pescado al papillote con zanahoria, cebolla y calabacín (burguer vegetal de tofu y verduras para opción vegetariana)
	CENA: Yogur (preferible) o pieza de fruta				

Sin duda, el teletrabajo tiene muchas cosas buenas, y una de ellas, desde mi punto de vista, es que tenemos la oportunidad de estar en un ambiente más cómodo, relajado, con opciones para comer que podemos decidir totalmente nosotros y respetando nuestros ritmos fisiológicos de sueño, hambre, etc., adaptando nuestros horarios. Así que, lejos de ser un problema para cuidar nuestra alimentación, deberíamos verlo como una oportunidad para adquirir buenos hábitos de alimentación y de salud.

Si necesitáis más información podéis contactarme en:

Instagram: @lauragananutricion
Twitter: @LauraIArranz
Facebook: Laura Isabel Arranzi
Videoconsultas: https://arranziglesias.opensalud.es/es

09

Actividad física durante el teletrabajo

Daniel Sánchez

Trabajar desde casa por teletrabajo tiene muchos beneficios, pero también es verdad que uno de los problemas con los que nos enfrentamos la gente que no trabajamos en una oficina es la dificultad para mantenernos activos, sanos y enérgicos. Sobre todo cuando ese teletrabajo nos demanda estar a tope, delante del ordenador, alrededor de ocho horas.

Una jornada laboral puramente estática implica casi siempre mala higiene postural, músculos acortados, atrofia muscular, movilidad reducida, dolor de espalda y baja energía.

Y eso es justo lo que queremos evitar, por lo que os daré unas pautas muy sencillas para que podáis rendir el 100% mientras estéis trabajando. Todo lo que vais a encontrar en las siguientes páginas está pensado para rendir al máximo trabajando desde casa, así como para facilitaros mucho la vida y que podáis sacarle el máximo beneficio al teletrabajo, con energía y buena forma física.

El ejercicio y la actividad física puede hacer mucho por nosotros. Tienen una gran relevancia en nuestros niveles de concentración, foco, vigilia y energía durante el trabajo. Así que tenemos que darle toda la importancia que se merece.

Además de que nuestro rendimiento aumentará, os ayudaré a poneros en forma, a mejorar vuestra salud y a que os veáis mejor en el espejo. ¡Todo ventajas!

Actividad física durante el teletrabajo

La OMS establece que 10.000 pasos son la referencia para saber si una persona es activa o más bien sedentaria.

Soy consciente de que no es lo mismo dar un paseo de 15 o 20 minutos para ir a trabajar (ida y vuelta) que pasar de la habitación al escritorio para sentarnos delante del ordenador.

¡Pero eso no quiere decir que tengamos excusa alguna! No significa que no podamos mantenernos medianamente activos en esas 16 o 18 horas que pasamos despiertos al día.

Es más, podemos mantenernos activos mientras estamos trabajando desde casa. El contexto que rodea nuestro espacio de trabajo es crucial en esto. Fijaos en las dos imágenes siguientes:

En la imagen anterior se aprecia un escritorio muy moderno, estándar, con su mesa, silla, ordenador, etc.

En la imagen inferior, sin embargo, llama la atención que la persona está de pie y tiene un escritorio y una silla de altura regulables. Esta forma de trabajar abre un abanico muy amplio de posibilidades a la hora de mantenernos más activos y, por supuesto, quemar más calorías. Sí, de pie se queman más calorías que sentado.

¡Pero que no cunda el pánico! No os voy a decir que trabajéis de pie (aunque os lo recomiendo encarecidamente); ni mucho menos os voy a decir que invirtáis vuestro valioso dinero en un escritorio y una silla regulables (lo cual sería una buena inversión). ¡No hace falta! Si tenéis un portátil, basta con colocarlo encima de un mueble a la altura de nuestros hombros, y ¡ya estaría!

No es tan *cool*, ni podréis posturear demasiado, pero es muy eficaz.

En función de cómo sean las decisiones que tomemos en torno a nuestra jornada laboral en casa, tendremos unos resultados u otros, unas experiencias u otras. Más o menos dolor, más o menos concentración, más o menos procrastinación, etc.

Estamos hechos para movernos, para estar de pie. Es antinatural pasar ocho horas enteras sentados, y peor aún si encima tenemos una mala higiene postural, con espalda y cuello cifóticos.

Luego llegan los "madres mía", los dolores, los acortamientos...

Y aún puede ser peor si después de esa jornada laboral estática no hacemos nada de actividad física, ni ejercicio, para contrarrestar ese sedentarismo. Pero de eso hablaremos un poco más adelante.

Ahora vamos a centrar toda nuestra atención en que nuestra jornada laboral sea lo más saludable posible.

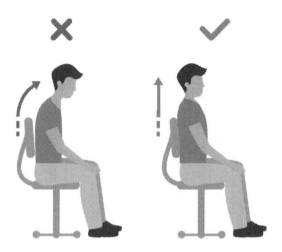

Plan de acción - Máxima energía durante el teletrabajo

Os muestro a continuación un protocolo de actuación antes, durante y después de nuestra jornada laboral, para que podamos dar lo mejor de nosotros y que nuestro rendimiento no solo no descienda, si no que mejore.

FASE 1. Antes del teletrabajo

Si hace un momento hemos hablado de lo importante que es mantenerse activo y hacer ejercicio durante las horas no laborales, ahora reflexionaremos sobre nuestra rutina previa al trabajo. Conozco mucha gente que va directamente de la cama al ordenador (o al despacho), así, sin anestesia, sin previo aviso. La mayoría pasa cinco minutos antes por la cocina para prepararse un café (con suerte, sin azúcar).

Primer punto a destacar: activarnos de buena mañana

Lo que yo recomiendo es que nos levantemos, bebamos un vasito de agua, estiremos un poco, sobre todo la espalda, y nos movamos un poquito antes de sentarnos a trabajar.

Si nos apetece probar y nos lo podemos permitir, salgamos a la calle tempranito y caminemos un rato, o si nos gusta correr, corramos. ¡Que nos de la luz de la mañana!

Esta simple acción nos va a activar muchísimo para el resto del día, y por supuesto, la energía con la que vamos a empezar a trabajar va a ser mucho mayor.

Si nada más levantarnos, nos ponemos delante del ordenador, no podemos pretender que nuestro rendimiento sea elevado desde el principio; de hecho, es muy probable que los primeros minutos sean totalmente improductivos.

Es como empezar a correr sin antes calentar.

Los primeros 15 o 20 minutos de nuestro entrenamiento, para nuestro cuerpo serán un 'calentamiento', y para nuestra persona, un sacrificio total, porque nuestro sistema cardiovascular y nuestro metabolismo aún no están optimizados para el ritmo al que vamos. Necesita arrancar progresivamente.

Lo mismo ocurre con el trabajo. Si de la cama pasamos al ordenador, los primeros minutos nos va a costar muchísimo concentrarnos.

Es más, hay muchas posibilidades de que acabemos leyendo un periódico, de que nos enganchemos a Instagram, o de que juguemos a cualquier app de Google Play.

Una vez estamos sentados delante del ordenador, ¡enhorabuena!: entramos en la fase 2, la fase del teletrabajo.

FASE 2: Durante el teletrabajo

Durante el teletrabajo todos tenemos el mismo objetivo: cumplir con nuestra rutina diaria. Cada uno de nosotros tenemos que llevar a cabo unas tareas diferentes, pero todos queremos rendir, no procrastinar, tener el máximo foco y gozar de una gran concentración y energía. Todo eso es algo que todos los que trabajamos desde casa anhelamos.

Bien, no podemos pretender que nuestro cuerpo y nuestra mente nos recompensen con todas esas potencialidades si nosotros no hacemos nada a cambio. Hay que mirarlo como un *win win*. Nosotros damos, nosotros recibimos. La ley del equilibrio.

El plan que os explico a continuación consiste en realizar pequeños descansos activos cada cierto tiempo, para despejarnos y volver al trabajo con más foco y energía, sin que nos pase factura nuestra larga jornada laboral.

No estoy proponiendo levantarnos de la silla cada 10 minutos; eso no resulta práctico, sino todo lo contrario.

1. La puesta en acción inicial

Empezamos a trabajar, con nuestro café sin azúcar, nuestro ordenador y con una correcta higiene postural: espalda recta, mirada al frente, espalda apoyada.

2. El seguimiento y los descansos cortos (de 3 a 5 minutos)

Cada 25 o 30 minutos haremos un breve descanso de 3 a 5 minutos. Esto se puede controlar con un cronómetro o Pomodoro tracker (tomato timer es *online*, gratuito y va genial).

Durante ese descanso, estiraremos todo el cuerpo, nos desperezaremos o daremos unos pasitos por casa. También podemos hacer unas pequeñas sentadillas o unas cuantas flexiones en el suelo. Pero todo muy suave, a modo de estiramiento.

3. El recreo o descanso largo (de 15 a 30 minutos)

Pasados esos 3 o 5 minutos de breve descanso, seguiremos enfocados en el trabajo con nuestro contador activado de Pomodoro. Cada 4 Pomodoros, nos tomaremos un descanso más largo (de 15 a 30 minutos). Ese tiempo será como nuestro recreo. Aprovecharemos para caminar, comer y/o beber algo si lo necesitamos, y una vez más, aprovecharemos para hacer algo de movilidad, flexibilidad dinámica y estiramientos.

La importancia de hacer ejercicio en casa

Como he comentado anteriormente, si trabajamos desde casa, seamos o no nuestro propio jefe, necesitamos estar saludables, enfocados, concentrados, fuertes y con mucha energía.

Sin embargo, no solemos ser conscientes de esto. Nos olvidamos del cuidado personal y no le damos toda la importancia que tiene.

¡No nos dejemos oxidar!

Debemos conseguir que nuestro cuerpo mantenga las articulaciones saludables y bien lubricadas, los músculos activos, con buen tono, los tendones bien fuertes, el metabolismo activo, etc. Si no hacemos lo necesario para conseguirlo, el paso de los años y la vida sedentaria no nos harán ir a mejor. La fisiología humana y la ciencia del envejecimiento son así.

Está en nuestras manos que esto cambie, o por lo menos, que evolucione de forma mucho más lenta.

Para ello, os propongo **una serie de entrenamientos en casa**, formados por ejercicios muy sencillos y eficaces que se pueden hacer prácticamente sin material y que van a hacer por nosotros mucho más de lo que creemos:

- Estar en forma (mejorar nuestra resistencia cardiovascular).
- Quemar calorías, lo que nos puede ayudar a quemar grasa sobrante.

- Mejorar nuestra composición corporal (buen equilibrio múscu-lo-grasa).
- Prevenir enfermedades (obesidad, diabetes, hipertensión, sín-drome metabólico).
- Aumentar nuestro rendimiento (más foco, concentración y energía).
- Mejorar nuestro estado emocional y nuestra actitud.

El ejercicio físico puede darnos todo esto y mucho más. Y estos benefi-cios tienen una relevancia directa en nuestro rendimiento laboral, y por tanto, en los resultados que conseguimos.

No es necesario apuntarse a un gimnasio o salir a la calle. Es posible lograrlo igualmente entrenando desde casa.

A continuación os propongo rutinas de entrenamiento que no nos van a llevar más de 30 o 40 minutos.

Circuitos de entrenamiento

Este tipo de entrenamiento tiene una gran ventaja: son circuitos muy dinámicos, divertidos y eficaces. Estructurar nuestro entrenamiento en forma de circuito va a hacer que no nos aburramos, y que cuando me-nos lo esperemos hayamos terminado nuestra rutina de ejercicio.

Estructura de un circuito:

- Formado por diferentes ejercicios (entre 4 y 10 normalmente).
- Cada ejercicio se puede hacer por repeticiones (10-15) o por tiempo (20-60'').
- Pasamos de ejercicio a ejercicio sin descanso, o con descansos muy pequeños (10-60'').
- Hacemos el circuito x veces o rondas (entre 2 y 6 normalmen-te).
- Los descansos entre vueltas suelen ser mayores (entre 60 y 120'').
- Todos estos datos varían mucho. Aquí muestro lo más común o estándar.

*Circuito con autocargas

*Circuito con resistencias

Esa estructura de circuito cambiará dependiendo del objetivo de la sesión del entrenamiento.

No es lo mismo un circuito de fuerza que un circuito HIIT. Cambia la estructura, los tiempos de trabajo, la intensidad, los descansos, las vueltas y, por supuesto, los resultados y beneficios.

El circuito también cambiará en función de nuestra condición física. No es lo mismo estructurar un circuito de entrenamiento HIIT para alguien que empieza que para una persona con buena condición física.

En concreto, es posible con tres circuitos: circuito de fuerza, circuito metabólico y circuito HIIT.

Circuito de fuerza

Lo que más diferencia a este circuito del resto es que necesitamos una carga extra. Puede ser en forma de mochila con libros, bandas elásticas de resistencias, mancuernas, bidones o botellas de agua, etc. Yo, personalmente, uso una mochila con libros (con 10 a 15 kg de lastre).

Elegimos ejercicios básicos y multiarticulares, que muevan varias articulaciones y grupos musculares, y que permitan añadir ese peso extra de forma exitosa (ahora veremos los ejercicios).

Por supuesto, si nos iniciamos en este tipo de entrenamiento podemos hacerlo sin peso añadido.

Los mejores ejercicios para este tipo de circuito son los siguientes: sentadillas, flexiones, *press* hombros, *hip-thrust* (extensiones de cadera), remo o dominadas (si tenemos una barra para colgarnos), peso muerto sumo o rumano, *curl* bíceps y fondos de tríceps.

Beneficios del entrenamiento de fuerza

- Desarrollo o mantenimiento de la masa muscular.
- Aumento de la tasa metabólica.
- Prevención de sarcopenia.
- Aumento de los niveles de fuerza.
- Mejoras en la movilidad funcional.
- Prevención de lesiones musculares y óseas.
- Mejora de la autoestima.

Ejemplo de sesión: 3 vueltas al circuito, 6 ejercicios, 30" por ejercicio, 30" de descanso entre ejercicio y ejercicio, 60" de descanso entre vueltas:

1. Sentadillas con peso
2. Flexiones con peso
3. Peso muerto con peso
4. Remo con peso
5. *Curl* de bíceps con peso
6. Fondos de tríceps sin peso

Circuito HIIT

Lo que más diferencia a este circuito del resto es la alta intensidad. Hablamos de intensidad máxima o sub-máxima.

A diferencia del circuito de fuerza, en el que la intensidad venía dada por ese estímulo añadido en forma de carga, en este tipo de entrenamiento la intensidad viene dada por la alta velocidad, ya que no vamos a incluir material, solo nuestro propio peso corporal.

Este tipo de entrenamientos, tal y como cuento en mi libro *HIIT* (Profit, 2017) también suele llevar consigo un mayor tiempo de descanso entre ejercicios, pero esto dependerá de la condición física de cada individuo.

Beneficios del entrenamiento HIIT

- Gran deuda de oxígeno que nos hará quemar calorías por horas.
- Favorece la pérdida de grasa y un gran aumento de energía.

- Acelera el metabolismo.
- Nos pone en forma muy rápido.
- Mayor tolerancia a la fatiga, menos cansancio.
- Mayor capacidad de vigilia y concentración.
- Mejora de parámetros de salud como hipertensión, diabetes, riesgo cardiovascular, obesidad.
- Etc. (puedes ver todos los beneficios en mi libro *HIIT*).

Ejemplo de sesión: 4 vueltas al circuito, 4 ejercicios, 20'' por ejercicio a tope de velocidad, 30'' de descanso entre ejercicio, 60'' de descanso entre vueltas:

1. *Jumping jacks*
2. *Squat jumps*
3. *Mountain climbers*
4. Correr en el sitio

Circuito metabólico

Este circuito destaca por la gran densidad, que también es una forma de intensidad.

La densidad es la relación entre el trabajo y el descanso.

Si hacemos un ejercicio durante 60" y descansamos 60", diríamos que la densidad de trabajo es 1:1 (mismo tiempo de esfuerzo y descanso).

En un circuito metabólico hay más tiempo de esfuerzo que de descanso, pero con el matiz que no se va a la máxima intensidad, como en el caso de un HIIT.

Beneficios del entrenamiento metabólico

- Gran mejora de la resistencia cardiovascular.
- Ganancias de fuerza-resistencia.
- Acelera el metabolismo.
- Favorece altas tasas de quema de calorías.
- Perdemos grasa con facilidad.
- Previene enfermedades típicas causadas por el sedentarismo (obesidad, riesgo cardiovascular, diabetes).
- Nos ayuda a ponernos en forma, a aguantar más en las actividades de nuestro día a día y a tener un cuerpo más funcional.

Ejemplo de sesión: 5 vueltas al circuito, 5 ejercicios, 30" por ejercicio, 10" de descanso entre ejercicio y ejercicio, 2' de descanso entre vueltas:

1. *Burpees*
2. *Hip-thrust*
3. Puente isométrico
4. Saltar a la comba
5. *Plank jack*s

Si os gusta el tema de los circuitos y quereis ver más ejemplos, os recomiendo visitar mi canal de Instagram TV, donde ofrezco diferentes circuitos de entrenamiento grabados por mí.

Calentamiento

Antes de nuestros entrenamientos, debemos calentar. Un buen calentamiento consiste en elevar la temperatura, aumentar pulsaciones y preparar a los músculos, articulaciones y mente para los estímulos que vienen.

De esa manera, el rendimiento en nuestro entrenamiento será mayor y, por supuesto, evitaremos lesiones. Es como la importancia de arrancar el coche e ir aumentando progresivamente la velocidad. No es bueno pasar de 0 a 100 en un momento.

Un ejemplo correcto de calentamiento sería el siguiente:

Fase 1: Calentamiento general (5-10 minutos)

Si tenemos bicicleta estática, cinta de correr o comba, es fantástico para esta primera fase. Si no, podemos correr de forma suave en el sitio, levantar rodillas, hacer unos ejercicios multiarticulares muy básicos, como *jumping jacks*, sentadillas etc.

Realizaremos movilidad articular y flexibilidad dinámica de cuello, hombros, tronco, cadera, rodillas y tobillos, enfocándonos principalmente en los músculos y articulaciones que van a trabajar en la sesión.

No hay que estirar de forma estática antes de los entrenamientos, ya que la ciencia ha demostrado que desciende el rendimiento e incluso puede provocar lesión. Los estiramientos estáticos siempre es mejor realizarlos después del entrenamiento.

Fase 2: Calentamiento específico (2-5 minutos)

Es importante ayudar a nuestro cuerpo y a nuestra mente a que entienda lo que vamos a realizar durante el entrenamiento. Para eso se practica la visualización y la concentración, así como realizar algunos de los ejercicios que se van a practicar a menor intensidad, incluso recortando rangos de movimiento.

Por ejemplo, si vamos a hacer series de velocidad, el calentamiento debería incluir alguna serie de velocidad, pero a menor intensidad. Si el entrenamiento incluye sentadillas profundas, calentamos previamente con algunas medias sentadillas, a menor intensidad, etc.

Conclusiones

Os he presentado una serie de actividades y ejercicios para que ponernos en forma, tener más energía y rendir más y mejor en nuestro trabajo. Además, por supuesto, buscando tener buena salud. Ahora veremos cómo podemos conectar todo en una semana, para que nos resulte fácil y atractivo.

- Durante nuestra jornada laboral, juguemos con los descansos, y aprovechemos para movilizar el cuerpo, estirar y hacer movilidad articular. Podemos aprovechar los descansos para hacer alguna sentadilla, flexión o cualquier ejercicio rápido que nos apetezca.

- Es importante que mantengamos un nivel de vida activo. Así que, fuera de nuestra jornada laboral, trataremos de movernos lo máximo posible. La OMS recomienda 10.000 pasos diarios, pero también sirve montar en bici, nadar y cualquier otra actividad cardiovascular a intensidad moderada.

- No nos podemos olvidar de los músculos, articulaciones, tendones. Queremos estar en forma, y lo podemos hacer perfectamente desde casa con los circuitos anteriores. Eso sí, los adaptamos a nuestro nivel.

Os propongo la siguiente distribución semanal de circuitos:

Lunes	Martes	Miércoles	Jueves	Viernes
HIIT	Descanso	FUERZA	Descanso	METABÓLICO

Os recuerdo la importancia de calentar bien siempre antes de cualquier entrenamiento. Sobre todo, si va a ser intenso.

- Además de esto, es buena idea que aumentemos los días que hacemos estiramientos tanto dinámicos como estáticos. Es buena idea realizarlos después de los entrenamientos, o todos los días al levantarnos o acostarnos.

Bibliografía

Daniel Sánchez (2018) *HIIT. Entrenamiento de intervalos de alta intensidad*. Editorial Amat

Cegielski J, Brook MS, Quinlan JI, Wilkinson DJ, Smith K, Atherton PJ, Phillips BE. *A 4-week, lifestyle-integrated, home-based exercise training programme elicits improvements in physical function and lean mass in older men and women: a pilot study.* F1000Res. 2017 Jul 26;6:1235. doi: 10.12688/f1000research.11894.2. PMID: 29167733; PMCID: PMC5680536.

10

Emprender desde casa

Christian Rodriguez

Supongo que esta afirmación no os sorprenderá, ya que seamos de letras (habréis podido leer miles de páginas escritas sobre errores, consejos, metodologías, etc.) o de números (las estadísticas que vienen a decirnos que 9 de cada 10 proyectos fracasan), hemos tenido que llegar a esa misma conclusión. Pero de la misma manera que todos los caminos, consejos y estadísticas nos avisan sobre lo complicado que es iniciar un proyecto, también los miles de emprendedores que inician cada año sus proyectos confirman que no hay ni estadísticas ni errores acontecidos suficientes que puedan llegar a detener a un emprendedor.

Pero, ¿y si añadimos una variable más a todo esto? Es decir, una capa adicional que pueda impactar en la manera de hacer y afrontar el día a día de un emprendedor. Podría ser divertido, temerario o, quien sabe, hasta positivo. Esa variable la llamaremos «desde casa». Si, sí, **emprender desde casa**.

Como habréis visto, este capítulo forma parte de un magnífico libro que habla sobre teletrabajo, por lo que no disponemos de mucho espacio para explicaros todo lo que contemplaría el hecho de emprender y encima hacerlo desde casa. Por ello, la mejor opción para sintetizar todo el contenido y daros después posibilidades de ampliarlo si os ha gustado y parecido interesante, es seguir el mismo esquema que seguí en el libro *Despegar*, obra que escribí hace dos años para esta misma editorial (Profit) y que trata precisamente de todas las etapas por las que pasa un emprendedor en su aventura empresarial. En el libro, y a partir de metáforas aeronáuticas, planteo puntos clave tan importantes como la idea, los cofundadores, el equipo, el MVP, los inversores, la etapa de crecimiento, el mercado, el entorno o el propio final del proyecto. Y qué mejor que enfocar este nuevo reto de emprender desde casa que hablando de alguno de esos puntos, claves del éxito o de la minimización del fracaso.

La idea (desde casa)

La definición de la palabra «idea» es la siguiente: «Representación mental de algo, ya sea material o inmaterial, real o imaginario, concreto o abstracto, a la que se llega tras la observación de ciertos fenómenos, la asociación de varias representaciones mentales, la experiencia en distintos casos, etc.». Detrás de esta definición ya se vislumbra la actitud emprendedora. Una idea puede surgir por una inquietud o por un motivo determinado, de forma casual o no, después de haber llevado a cabo una observación. Las ideas no tienen un espacio geográfico concreto ni un momento definitivo; las ideas surgen, y ello puede ocurrir, como no, también dentro de casa. Cualquier rutina actual que tengamos, cualquier necesidad que deseamos satisfacer, cualquier preocupación que esté rondando por nuestra cabeza pueden ser la semilla que se plante en ese inicio del desarrollo de nuestro próximo proyecto, y quién sabe si el proyecto de nuestra vida.

El proceso de evolución es clave, ya que el máximo objetivo es convencernos a nosotros mismos de la viabilidad de la idea, y por ello no debemos empezar dicho proceso elaborando fórmulas comerciales y técnicas de autoconvencimiento; lo que debemos hacer es aplicar la máxima exigencia, realismo y racionalidad posible para decidir si realmente es tan buena idea como creemos. Cada persona tiene sus propios trucos, necesidades, soportes y técnicas para ir trabajando sobre la idea: una libreta, un folio en blanco, unos post-its, nuestras notas del teléfono, una presentación en Powerpoint, una pizarra, capturas de pantalla y un largo etcétera. Y es muy posible que el lugar donde desarrollar esas ideas sea muy distinto al lugar donde trabajamos. La idea de un nuevo producto y sus funcionalidades puede nacer en una ducha por la mañana, o sobre la bicicleta estática, pero seguramente el desarrollo más técnico de dicho nuevo producto nos obliga a estar en un lugar de trabajo más ordenado y documentado. Pero un espacio sin el otro no tendrían sentido. Pocas veces las ideas surgen pensando única y directamente en ellas. Una vez obtenidas sí se puede trabajar sobre esas ideas, mejorándolas y matizándolas. Por ello hay que darle importancia a la creación y no obsesionarnos en acelerar ciertas partes, porque debemos madurar todas las anteriores. En la mayoría de casos, la idea inicial es simplemente eso: una idea inicial desde donde partir hasta la definitiva. Y no debemos avanzar hasta no estar seguros de que ha llegado el momento de cambiar de etapa. No debemos avanzar hasta que no nos hayamos contestado nosotros mismos muchas preguntas, hasta que no hayamos superado unas exigencias mínimas propias, que nos permitan, entonces sí, iniciar ese proceso tan necesario e importante como es la validación.

Y es aquí donde empezamos un proceso que podríamos dividir en pre y post idea, y subdividir estos dos conceptos en otros dos: cualitativo y cuantitativo. En la siguiente ilustración se entienda mejor esta idea:

Por un lado, debemos analizar todos los datos que verifiquen que esa idea que hemos tenido no es únicamente una solución a una inquietud o necesidad nuestra, sino que es un problema contrastado y reconocido, ya sea por expertos (con los que deberemos hablar para entender su visión del problema a mejorar o solventar a través de nuestra idea), o por los propios usuarios. Las opiniones de los expertos y de los usuarios constituirán una información cualitativa muy importante para confirmar que vamos por buen camino. Por otro lado, deberemos valorar cuántas son las personas que pueden tener ese problema que pretendemos resolver con nuestra idea a partir del acceso a estadísticas, informes u otras informaciones, que son los datos que nos proporcionarán la parte más cuantitativa y que nos ayudarán a entender lo que se suele llamar el «tamaño de mercado», en este caso en número de clientes, y lo que también nos será de utilidad para proyectar y hacer nuestro plan de negocio.

Si en general esta primera parte es positiva y ratificamos la hipótesis por la que hemos tenido esa idea, es el momento de ponernos a validar si la solución que damos a ese problema de partida (NUESTRA IDEA) tiene realmente el enfoque adecuado y podrá convertirse en un buen negocio. Y de nuevo ahí necesitamos trabajar con entrevistas muy cualitativas a clientes y con posibles partners, ya sean de producción, distribución, etc., que serán fundamentales en caso de decidir poner en marcha el proyecto.

Por otro lado, deberemos tener una visión cuantitativa, a partir de encuestas a posibles clientes en las que se les plantee la aceptación desde el punto de vista de producto y la intencionalidad de compra, así como a partir de datos de posibles puntos de venta, etc. Todo ello nos ayudará también a ampliar el negocio y a preparar ese futuro plan económico que tarde o temprano necesitaremos hacer.

Y todo este trabajo no solo podemos hacerlo desde casa, sino que es muy recomendable hacerlo desde allí. Con tranquilidad y con una capa de objetividad que nos ayudarán a no caer en el error de intentar encontrar la información que más nos conviene, sino la que más impacte en nuestra evaluación.

El cofundador

Si a veces ya cuesta aceptar la afirmación de que cualquier proyecto estará mucho más reforzado y tendrá más posibilidades de éxito con un equipo de cofundadores (por no decir: «se necesitan varios fundadores»), en la situación de emprender desde casa todavía cuesta más aceptar esta afirmación. Y nada más lejos de la realidad. En muchas ocasiones interpretamos que solo puede ser cofundador aquel que estuvo presente en el momento en el que la idea surgió y se decidió llevarla a cabo, y efectivamente en muchas ocasiones es así. Pero en muchas ocasiones no es tan fácil encontrar cofundadores. Hay quien explica su idea a gente cercana (familiares, amigos, etc.) en busca de su complicidad (algo que puede ser un gran error) y hay quien hace ese camino de forma más escrupulosa buscando un cofundador que pueda aportar valor al futuro proyecto gracias a su conocimiento, experiencia, actitud, contactos, etc.

Y a pesar de que el impacto y la aportación del cofundador en el negocio se va a notar de manera muy significativa en el propio proyecto y en la manera de hacer y plantear los pasos a dar y las decisiones a tomar, la auténtica «revolución» de dicho cofundador está en el apoyo y complicidad que puede llegar a dar. El soporte emocional que puede suponer un compañero de viaje que comparta nuestras mismas responsabilidades, nuestros mismos riesgos, nuestros mismos derechos y nuestros mismos sueños es totalmente decisivo en los momentos más sensibles del proyecto. Sin este complemento y soporte emocional vestido de compañero de viaje, la hazaña de emprender es todavía más difícil.

Si algo comparten todos los emprendedores es la sensación de soledad que se vive en muchas ocasiones en el momento de tomar decisiones en las que la última responsabilidad es nuestra, así como la perspectiva desde la que tomamos dicha decisión. Por mucho que nuestra familia, pareja, amigo, equipo o proveedor nos aconsejen, en ningún caso tendrán toda la información y el contexto que nosotros tenemos en ese momento. Por ello, buscar ese cofundador eliminará en muchas ocasiones esa presión y minimizará el impacto de muchas decisiones, ya que contrastar y afrontar cada decisión será totalmente distinto, y lo más importante, se hará de forma acompañada.

Si ya el hecho de emprender desde casa puede tener un impacto relevante en las propias metodologías de trabajo que se instauran y, por tanto, en las operaciones del día a día, en lo relacionado con la comunicación del propio equipo esto puede magnificarse.

Muchas veces compartir espacio físico nos hace participar, lo queramos o no, en conversaciones o consultas improvisadas o directamente en debates sobre opiniones de cosas que están ocurriendo en tiempo real en el negocio. Por otro lado, la confianza que se genera en el día a día compartiendo un espacio minimiza los criterios y exigencias a la hora de interrumpir. ¿Cúantas veces en la oficina os han interrumpido por cosas irrelevantes?

Ya de por sí, la distancia marca un límite claro, y es por ello que debemos buscar ese equilibrio (difícil al principio) entre saber qué compartir, cómo compartirlo y cuándo hacerlo. Una vez iniciada la aventura de emprender desde casa y con mucha comunicación, contrastando con nuestro cofundador o cofundadores la manera más cómoda para comunicarse, los límites, los *timings* y, lo más importante, los resultados, podremos establecer esa rutina que nos facilitará dicha parte esencial de nuestro proyecto: la relación obligada y necesaria con nuestro co-fundador.

Si dicen que se necesitan 21 días para acostumbrarse a algo o volverlo rutina, os recomiendo algo: pasados esos días no pierdas la costumbre de ir midiendo esa confortabilidad con el proceso y metodología de co-municación entre vosotros, ya que el proyecto varía y las circunstancias también, con lo que podéis necesitar adaptar también ciertas cosas.

Y por último, nunca nos cansemos de preguntarle a nuestro cofunda-dor, y de la manera más sincera y profunda posible: ¿cómo estás?. Léele la mirada y busca siempre el fondo de las cosas.

El equipo

Rutinas y rutinas consensuadas, objetivos claros, reporting y seguimien-to. Nuestra metodología nos da una ventaja competitiva.

Cuando hablamos de equipo en una empresa o en un proyecto, habla-mos de una mezcla de motor y alma. Motor, porque suele ser al inicio cuando se debe instaurar esa regularidad de acciones y funciones ne-cesarias para que el negocio funcione, y donde normalmente el equipo fundador ya no suele liderar, ya sea porque está en otras cosas impor-tantes y necesarias o directamente porque se ha buscado a alguien más experto.

Si entramos más en detalle, lo que llamamos equipo, para el fundador o fundadores significa gestión emocional y, muy importante, gestión de expectativas. La mala noticia es que la gestión correcta de ambas es muy difícil, seguramente lo más difícil y más subestimado de todo el proceso emprendedor.

Si a este punto le sumamos la dificultad de no tener contacto y relación próxima por el hecho de emprender desde casa, se nos puede generar una complicación extra.

Seguro que algún día os han dicho o habéis dicho: «lo siento pero no pretendía ofenderte», «no lo decía con esa intención», «se han debido malinterpretar mis palabras», etc. Y hablamos de tono y prejuicios. En un mensaje o e-mail podemos utilizar un tono, pero el prejuicio es cómo puede ser entendido por el interlocutor por su propia percepción personal o por cómo interpreta una misma frase según los antecedentes. Algo tan simple como esto puede generar problemas muy graves de comunicación, tanto entre integrantes de los equipos como entre los propios fundadores y el equipo. Evitar que ello ocurra es una de las funciones clave de un líder de proyecto, y para ello se necesitan instaurar ciertas metodologías que garanticen, de manera regular, que se minimice al máximo el impacto de los malos entendidos.

Reuniones diarias entre equipos de seguimiento

Estas reuniones deben ser cortas. Tienen como objetivo primordial hablar de nuestros objetivos para hoy y de si en los objetivos de ayer nos encontramos con algún tipo de problema o detalle concreto necesario de transmitir a todo el equipo. De esta manera, tanto nosotros podremos conocer de primera mano en qué está trabajando el resto de nuestro equipo y, por tanto, saber si podemos darles soporte en algo, como al revés, que el resto de nuestro equipo sepa en qué estamos trabajando y puedan entender el porqué de la ayuda que podríamos pedirles, o directamente que ellos nos expongan si hay algo en lo que puedan ayudarnos.

Reuniones semanales uno contra uno

Estas deben producirse entre jefe de departamento e integrantes del departamento, así como entre el propio CEO/fundador con los propios jefes de departamento. En esas reuniones se busca tratar cualquier duda formal y concreta que pueda haberse planteado. Son necesarias para entender el estado emocional de cada uno, la comodidad con el trabajo que se está desarrollando, así como la alineación con los objetivos que se están siguiendo. Al ser un foro mucho más íntimo, ayuda a que dicha comunicación fluya, dando una capa adicional de confianza.

Reuniones mensuales de objetivos y análisis de resultados

Tan importante como trabajar cada día a partir de unos objetivos es tener la foto más global de los mismos; es decir, saber qué debe pasar durante el mes en curso, así como durante el propio trimestre. Que los integrantes del equipo y los mánagers conozcan la hoja de ruta y el plan elimina la incertidumbre y da confianza. Por otro lado, es clave analizar los resultados de forma mensual para poder tomar medidas de corrección o incluso impulsar acciones que han dado mejores resultados de lo previsto, y que pueden condicionar nuestros objetivos del mes siguiente. Esta mezcla de transparencia e implicación genera una complicidad que, junto con el buen acompañamiento de los foros de encuentro anteriormente mencionados, suele derivar en una comunicación bidireccional que impacta de manera muy positiva en la organización.

Lógicamente, no todo el mundo está preparado para trabajar desde casa, y si no lo hemos hecho nunca o llevamos poco tiempo haciéndolo, puede llegar a generar un estrés innecesario. Por otro lado, algunos profesionales, por sus propias circunstancias, se han acostumbrado a trabajar de esta manera, evitando en muchos casos ciertos conflictos y malos entendidos, pues su costumbre o liderazgo en este tipo de situaciones evitan que ocurran o los minimizan directamente.

De la misma manera que cuando buscamos una posición concreta para nuestro equipo, nos centramos mucho en entender sus *skills*, experiencias previas y capacidad en general para el puesto, si sabemos que el trabajo será llevado a cabo en remoto, también debemos darle mucha importancia y dejarlo claro desde el principio. Como os he dicho, no todo el mundo está preparado y cómodo para una tipología de trabajo remota.

El MVP

El MVP (siglas del inglés **Minimum Viable Product**) es el Producto Mínimo Necesario.

Debemos poder validar si tiene sentido continuar trabajando en la idea o en el proyecto que tengamos en la cabeza, necesitamos saber si realmente es negocio o no lo que hemos pensado y si realmente se cumplen las hipótesis que tenemos que validar (y que ya hemos visto con anterioridad).

Y de igual manera que hay aspectos del proyecto que necesitan habilidades especiales y gran capacidad emocional, otros que requieren habilidades de organización, y otros, visión de negocio, y lógicamente cada uno de ellos podrían definirse como más complejos en sus respectivas áreas, cuando hay que valorar el MPV es cuando hay que ser más pragmático. Es el momento al que yo denomino *el momento del NO*. De saber decir no a lo que no es estrictamente necesario. El momento en el que gana el que consigue minimizar más las necesidades sin impactar de manera directa en el objetivo del mismo: saber si el negocio tiene sentido o no. Y para ello necesitamos saber cuál es el objetivo que nos hemos propuesto y que hemos propuesto al equipo con el MVP. Saber si hay interés en un producto. Saber el precio final del producto que vamos a lanzar. Saber si la propuesta de valor de nuestro producto convence y es suficiente. Saber si ese nuevo canal de venta sirve para este producto concreto.

Sean cuales sean las respuestas, plasmémoslo con los datos teóricos/ nuestras hipótesis, y reflexionemos sobre lo que necesitamos a nivel producto, imagen, logística, canal de venta, etc. De hecho, lanzar el MVP no es lo difícil, lo complicado es hacerlo realmente mínimo. Ahí va un ejemplo:

Para lanzar una web de camisetas, no necesito tener una empresa creada, ni tener la mejor web, ni un programa de facturación. De hecho: no necesito ni camisetas. Lanzar una web de camisetas sin ni siquiera tener camisetas es posible, ya que nuestro objetivo primordial en el MVP es saber si realmente hay interés en nustras camisetas. Saber si la gente entra en la web, si llega al carrito, si compra... pero ¿y si les dijera que justo he roto stock?: hago la devolución del dinero y digo al posible cliente que le avisaré en cuanto me lleguen. Creedme que después de ver que esto no es una casualidad, tus ganas aumentarán, tu miedo disminuirá y esa sensación de riesgo la verás con diferentes ojos.

Para que esta filosofía auténtica MVP funcione y de el mejor resultado es recomendable ahorrarse mucho dinero dando pasos en direcciones equivocadas o directamente trabajando en aspectos que luego no servirían; es importante que sepamos detectar esos puntos a validar reales y sepamos lo que es y no es importante prescindir.

De este modo, sabemos qué es lo que nuestro cliente realmente valora en ese proceso de demostración de interés previo a la compra. Y cada producto o servicio es un mundo. Quizá hay sectores en los que la imagen gráfica y la web no son importantes en ese proceso de decisión, pero en otros puede ser la clave. Equivocarse en el enfoque del MVP también puede llevarnos a tomar decisiones equivocadas, descartando hipótesis que eran buenas pero que nuestra puesta en escena han condicionado.

Por ello, en este proceso hay que medir todo lo que se pueda. Y medir significa documentar cada paso que demos, ya sea con herramientas digitales si nuestros canales son digitales (Google Analytics), o utilizando herramientas de la vieja escuela: cada llamada, una anotación para después sacar conclusiones.

Los inversores

De todos los elementos y etapas que impactan de manera directa a la hora de emprender, seguramente este aspecto, el de los inversores, sea el que menos sacrificio y connotaciones negativas pueda tener si lo hacemos desde casa. Incluso me atrevería a decir que en etapas tempranas puede llegar a generar el efecto contrario.

Sobre esta parte de inversión, sería una muy buena noticia que estuviéramos pensando: «pues yo ni quiero ni necesito inversión». La entrada de un inversor no tiene por qué ser buena o mala (cada proyecto es un mundo), pero lo que sí debemos saber es que con la entrada de estos, nuestro proyecto deja de ser solo nuestro y, por tanto, la manera de tomar decisiones y las sensibilidades de gestión y control sobre el mismo deben cambiar. De hecho, lo más probable es que eso lo sepamos en el mismo momento que entre su dinero, ya que vendrá acompañado por una serie de variaciones en el pacto de socios (que es ese documento que trata todas las normas de gestión y convivencia en una empresa, las reglas corporativas).

Por eso, os ofrezco una breve segmentación de tipología de inversores que podéis encontraros en etapas tempranas, para luego daros esa información sobre ellos y lo positivo que verán algunos aspectos de vuestro negocio, solo por el hecho de emprender desde casa.

1. No profesionales: amigos, familia.
2. Profesionales: *Business Angels*, fondos de capital riesgo o *family offices*.

Sobre los primeros, no profesionales, y que no son los menos comunes sobre todo al inicio, decirte que suelen ir contracorriente (si alguno no lo va es que comienza a ser más un *business angel* que no un amigo o familiar invirtiendo). Suelen tener criterios muy emocionales y no racionales y analíticos. Es decir: invierten más por lo que representa la inversión y de quién es la inversión que no por el proyecto en sí. La capa subjetiva y emocional que rodea la operación de inversión es una auténtica bomba de relojería, por dos aspectos fundamentales: el primero, el desconocimiento del negocio y de las reglas del juego en la inversión que está haciendo o en lo que se puede convertir su inversión. El segundo, porque lo más probable es que o no recupere el dinero nunca, o lo recupere mucho más tarde de lo que pensaba. Y ello puede generar importantes conflictos entre «inversor» y emprendedor. ¿Significa que nunca deben invertir en nuestros negocios o proyectos un amigo o familiar?

Significa que debemos estar muy seguros de dejar las reglas claras desde el principio y que cuando lo hagan, hayamos intentado validar al máximo posible nuestro negocio para que este tenga alguna posibilidad más de sobrevivir.

Sobre los segundos, ya profesionales, os adelanto que sus criterios de inversión son mucho más racionales. Ninguno de ellos invierte sin un estudio previo, sin un análisis detallado, sin una hipótesis de salida clara que les muestre posibilidades de multiplicar su inversión.

En muchos casos suelen ser gestores, gestionando dinero de terceros en los casos de fondos de capital riesgo o *family offices*, o gestionando dinero ganado con el propio desarrollo empresarial o por inversiones realizadas por ellos mismos, con lo que son conscientes de lo importante que es invertir con el mínimo riesgo posible dentro de este entorno llamado capital riesgo.

Por eso suelen valorar muchísimo los conceptos:

EFICIENCIA DE CAPITAL, *CASH BURN* BAJO, RÁPIDA CAPACIDAD DE ADAPTABILIDAD, entre otros.

Y si algo nos permite nuestra estructura organizativa es justo eso: rebajar costes y gastar lo mínimo, invertir en lo que realmente vemos que funciona y probar cosas de forma rápida, así como externalizar procesos de manera más eficiente y exigente. Si eso lo acompañamos con un equipo cofundador potente y unido, y con un equipo transversal motivado y comprometido, podemos tener todos los ingredientes necesarios para gustar a los inversores y cumplir sus requisitos.

Hemos hablado de inversores después de plantear el tema del MVP, porque doy por hecho que no los necesitaremos hasta que realmente tengamos clara la idea que tenemos y que hemos trabajado con nuestro equipo y cofundador, ya que suele ser entonces cuando están cómodos en entrar. Pocos inversores profesionales quieren dar su dinero para pruebas. De ahí que a veces acudamos a los que no son profesionales; pero recordemos el gran riesgo que eso supone e intentemos balancear al máximo la situación y mix de inversión.

Para llegar a inversores profesionales, podemos consultar LinkedIn y buscar información sobre ellos. Además de que podremos llegar a ellos, tengamos en cuenta que ellos viven de que emprendedores como nosotros les contactemos para presentarles nuestros proyectos. Lógicamente, ser presentados antes por alguien siempre dará un resultado más rápido, pero no es necesario y no debemos obsesionarnos con ello.

A partir de ahí, cualquier cafetería céntrica de la ciudad o una videollamada (piensa que es su día a día) será más que suficiente para iniciar ese proceso de inversión.

Y solo un consejo: durante este proceso, lo que tengamos que gastar invirtámoslos en un buen abogado especialista en este tipo de operaciones mercantiles, y rodeémonos, si podemos, de los consejos de emprendedores que hayan pasado por lo mismo que nosotros, tanto por el hecho de ser invertidos como por el hecho de ser invertidos por ese mismo inversor.

Entre emprendedores hay mucha comunicación y empatía. Contactemos sin miedo porque nos contestarán.

Crecimiento, mercado, entorno y final

Y llegamos a la última parte del capítulo. Como veréis, en el propio título os he querido recordar todas esas etapas que traté en el libro *Despegar* y que no he hecho en esta ocasión porque he preferido dedicar el artículo a las más incipientes, que seguramente son las que más preocupación ocasionan. Pensad que ha sido como mi MVP.

A pesar de ello, no quiero acabar este capítulo sin hablaros de lo que realmente puede llegar a tener más impacto en nuestra vida por el hecho de emprender desde casa: NUESTRO ENTORNO.

Si cuando tenemos una oficina o espacio físico distinto al de casa se suele recomendar no llevarse el trabajo a casa, debemos ser conscientes de lo importante que es la desconexión, de lo fuerte que puede hacer a un emprendedor disponer de un espacio para esa desconexión, que suele ser su propia casa. Pero es complicado hacerlo desde la vivienda, porque la compartimos con nuestra familia. Cuando uno emprende, obliga a hacerlo a todos los que le rodean, aunque estos no quieran. Es injusto, pero cuando estamos inmersos en según qué momentos y procesos de un proyecto, el consumo de energía, tiempo y emociones es apabullante. Es necesario poner límites por nuestra propia salud mental, y por desgracia, también por la de las personas que nos rodean.

Este gran peligro solo podemos minimizarlo con disciplina. Con rutinas claras y teniendo siempre en cuenta a aquellos que nos rodean y que comparten nuestra vida con nosotros. Regalémonos tiempo a nosotros y a los nuestros. Elijamos espacios sagrados en los que está prohibido trabajar (lo que no significa que no podamos evitar pensar en el trabajo), pero que nos ayuden a zonificar no solo nuestra casa, sino también nuestra vida.

Y de la misma manera que os habéis propuesto emprender desde casa, os recomiendo que busquéis también fuera de ella todas esas actividades o complementos que nos ayuden a desconectar. Puede ser un hobby, una rutina o cualquier cosa que nos ayude a entender que, por mucho que emprender se haya colocado en el podium de nuestras alegrías y preocupaciones, es nuestra obligación competir y convivir con muchas más.

Emprender no es fácil, pero si es lo que queréis, nadie podrá pararos.

11

Aspectos legales del teletrabajo
Eva Pous Raventós

Los progresos en las tecnologías de la información y las comunicaciones (TIC) han facilitado la extensión del trabajo electrónico en el domicilio, que recibe el nombre de «teletrabajo».

Aunque no es un fenómeno nuevo, la regulación del teletrabajo sí es reciente: la normativa de la mayor parte de los países desarrollados no reguló esta forma de trabajar hasta comienzos del siglo XXI.

Marco jurídico y marco conceptual del teletrabajo

Ámbito comunitario. No existe ninguna norma a nivel comunitario (Reglamento o Directiva) que regule de manera directa el teletrabajo. En el ámbito comunitario existe el Acuerdo Marco Europeo sobre Teletrabajo del año 2002, si bien no cabe calificar como norma jurídica.

Ámbito español. Tampoco existe un cuerpo normativo (Ley, Real Decreto) que regule el teletrabajo.

Ámbito en América Latina y el Caribe. El auge regulatorio empezó en el año 2009, de la mano del avance de las TIC y con foco en el teletrabajo dependiente. De ahí que, si bien es una modalidad de trabajo que ya lleva tiempo ocurriendo, su reciente despliegue y reconocimiento legal en la región permiten considerarlo como una nueva forma de trabajar. Colombia es el país más avanzado en este tema, no solo en legislación, sino también en seguimiento y generación de información sobre su aceptación y uso en el país. En Chile, el teletrabajo se regula dentro del género «trabajo a distancia», donde hay un proyecto de ley bajo consideración del Senado. En México, se regula como una modalidad de «trabajo a domicilio», caracterizada por el uso de las TIC, mientas que en Colombia y Perú, la legislación hace referencia expresa al término «teletrabajo».

Por otro lado, un tema de creciente preocupación en América Latina y el Caribe, que afecta tanto a teletrabajadores como trabajadores tradicionales, es la hiperconectividad y su efecto negativo sobre la conciliación de la vida laboral y familiar. Se habla del tema en términos generales pero la región tiene pocos avances en reformas laborales que incorporen aspectos para equilibrar la vida personal y el trabajo. Aunque existen propuestas en varios países (Chile, por ejemplo), no hay un panorama claro de cuándo llegarán a implementarse.

No obstante, y a pesar de no existir un marco normativo específico para el teletrabajo, hay regulaciones jurídicas que pueden integrar la figura del teletrabajo, como sucede en el artículo 13 del Real Decreto Legislativo 2/2015 de 23 de octubre, por el que se aprueba el texto refundido de la Ley del Estatuto de los Trabajadores (en adelante E.T.), cuando regula el trabajo a distancia, en el que cabe encuadrar el teletrabajo; por ello, lo expuesto en este articulado es trasladable al teletrabajo.

El artículo 13 del Estatuto de los Trabajadores establece que «tendrá la consideración de trabajo a distancia aquel en que la prestación de la actividad laboral se realice de manera preponderante en el domicilio del trabajador o en el lugar libremente elegido por este, de modo alternativo a su desarrollo presencial en el centro de trabajo de la empresa».

En relación a la modalidad del teletrabajo, todavía no nos encontramos ante una forma de prestar servicios generalizada o destacada en la mayoría de las empresas ni tampoco ante una especial preocupación normativa por regular los aspectos claves de esta figura; sin embargo, se tiene muy clara su delimitación conceptual.

La Organización Internacional del Trabajo (OIT) dispone del Convenio nº 177 —no ratificado por España— y de la Recomendación nº 184 sobre el trabajo a domicilio adoptado en 1996, que define el trabajo a domicilio como «el trabajo que una persona, designada como trabajador a domicilio, realiza en su domicilio o en otros locales que escoja, distintos a los locales de trabajo del empleador; a cambio de una remuneración; con el fin de elaborar un producto o prestar un servicio conforme a las especificaciones del empleador, independientemente de quien proporcione el equipo, los materiales u otros elementos utilizados para ello».

En cuanto al concepto de **teletrabajo**, es definido ampliamente por la OIT dando lugar a que los conceptos teletrabajo, trabajo a domicilio y trabajo a distancia sean, en ocasiones y en ciertas modalidades de prestación de servicios, intercambiables o utilizados de forma sinónima:

«**Trabajo a distancia** (incluido el trabajo a domicilio) efectuado con auxilio de **medios de telecomunicación** y/o de una computadora».

Finalmente, el Acuerdo Marco Europeo sobre Teletrabajo del año 2002 define el teletrabajo en su apartado segundo como:

«**El teletrabajo** es una forma de organización y/o realización del trabajo **utilizando las tecnologías de la información**, en el marco de un contrato de trabajo o de una relación laboral, en la que el trabajo que también habría podido realizarse en **los locales de la empresa** se ejecuta **habitualmente fuera de estos locales**».

Características del teletrabajo

- Descentralización del lugar de trabajo.

- El acuerdo por el que se establezca el trabajo a distancia se formalizará por escrito.

- Actividad profesional remunerada. Como mínimo, la retribución total establecida en el convenio colectivo de aplicación, conforme a su grupo profesional y funciones.

- Los trabajadores a distancia tendrán los mismos derechos que los trabajadores que prestan sus servicios en el centro de trabajo de la empresa, salvo aquellos que sean inherentes a la realización de la prestación laboral en el mismo de manera presencial.

- El empresario deberá establecer los medios necesarios para asegurar el acceso efectivo de estos trabajadores a la formación profesional continua, a fin de favorecer su promoción profesional. Asimismo, a fin de posibilitar la movilidad y promoción, deberá informar a los trabajadores a distancia de la existencia de puestos de trabajo vacantes para su desarrollo presencial en sus centros de trabajo.

- Los trabajadores a distancia tienen derecho a una adecuada protección en materia de seguridad y salud.

- Los trabajadores a distancia podrán ejercer los derechos de representación colectiva. A estos efectos dichos trabajadores deberán estar adscritos a un centro de trabajo concreto de la empresa.

- El teletrabajo es voluntario para la persona trabajadora y el empresario afectados, respetando el derecho de la persona trabajadora a su solicitud según el artículo 34.8 del Estatuto de los Trabajadores.

¿Qué establece el artículo 34.8 del Estatuto de los Trabajadores?

El artículo 34.8 del Estatuto de los Trabajadores (tras su modificación por parte del Real Decreto Ley 6/2019, de 1 de marzo, de medidas urgentes para garantía de la igualdad de trato y de oportunidades entre hombres y mujeres en el empleo y la ocupación), amplía sustancialmente el derecho a la conciliación de la vida familiar y laboral.

El nuevo redactado ofrece tres tipos de posibilidades para lograr la conciliación de la vida laboral y familiar, siendo una de ellas la **posibilidad de trabajar a distancia**.

El art. 34.8 del E.T. establece: «Las personas trabajadoras tienen derecho a solicitar las adaptaciones de la duración y distribución de la jornada de trabajo, en la ordenación del tiempo de trabajo y en la forma de prestación, **incluida la prestación de su trabajo a distancia**, para hacer efectivo su derecho a la conciliación de la vida familiar y laboral. Dichas adaptaciones deberán ser razonables y proporcionadas en relación con las necesidades de la persona trabajadora y con las necesidades organizativas o productivas de la empresa.

En el caso de que tengan hijos o hijas, las personas trabajadoras tienen **derecho a efectuar dicha solicitud hasta que los hijos o hijas cumplan doce años**».

La redacción del artículo 34.8 del Estatuto de los Trabajadores establece «el derecho a solicitar» la posibilidad de trabajar a distancia; pero, ¿en qué supuestos tenemos derecho a solicitar el trabajo a distancia? En aquellos supuestos de **tener hijos/as menores de 12 años**.

El citado artículo, para fomentar la aplicabilidad efectiva de esta posibilidad, establece lo siguiente:

«En la negociación colectiva se pactarán los términos de su ejercicio, que se acomodarán a criterios y sistemas que garanticen la ausencia de discriminación, tanto directa como indirecta, entre personas trabajadoras de uno y otro sexo. En su ausencia, la empresa, ante la solicitud de adaptación de jornada, abrirá un proceso de negociación con la persona trabajadora durante un período máximo de 30 días. Finalizado el mismo, la empresa, por escrito, comunicará la aceptación de la petición, planteará una propuesta alternativa que posibilite las necesidades de conciliación de la persona trabajadora o bien manifestará la negativa a su ejercicio. En este último caso se indicarán las razones objetivas en las que se sustenta la decisión».

Por ello, una mera solicitud a la empresa proponiendo cualquier tipo de adaptación generará la apertura de ese periodo de negociación de 30 días en los términos indicados debiendo finalizar el mismo con una resolución motivada.

Las discrepancias que puedan producirse entre la dirección de la empresa y la persona trabajadora serán resueltas por la jurisdicción social a través del procedimiento establecido en el artículo 139 de la Ley 36/2011, de 10 de octubre, Reguladora de la Jurisdicción Social.

¿Qué forma tiene que revestir el contrato de trabajo de prestación de servicios en régimen de teletrabajo?

De conformidad con el artículo 8.2 del Estatuto de los Trabajadores, el contrato deberá **constar por escrito**, y de no observarse tal exigencia, el contrato se presumirá celebrado por tiempo indefinido y a jornada completa, salvo prueba en contrario que acredite su naturaleza temporal o el carácter a tiempo parcial de los servicios.

Asimismo, el empresario está obligado a comunicar a la oficina pública de empleo, en el plazo de los 10 días siguientes a su contratación, el contenido del contrato de trabajo (Artículo 8.3 del Estatuto de los Trabajadores).

Paralelamente, el empresario entregará a la representación legal de los trabajadores una copia básica del citado contrato. Esta copia contendrá todos los datos del contrato a excepción del número del documento nacional de identidad o del número de identidad de extranjero, el domicilio y estado civil. El tratamiento de la información facilitada estará sometido a los principios y garantías previstos en la normativa aplicable en materia de protección de datos (Artículo 8.4 del Estatuto de los Trabajadores).

Decir también que tanto un trabajo temporal (obra y servicio determinado, eventual, interino o cualquiera de los formativos) como indefinido pueden desarrollarse como teletrabajo.

Importante reseñar que la condición de prestar servicios como teletrabajo puede formar parte de la descripción inicial del puesto de trabajo o puede incorporarse de forma voluntaria más tarde, tal como indica el Acuerdo Marco Europeo sobre el Teletrabajo 2002.

Tipos de teletrabajo

El contrato de trabajo y las condiciones de su desempeño hacen que haya distintos tipos de teletrabajadores. Los principales son **móvil, domicilio y telecentro**.

Teletrabajo móvil: El puesto de trabajo no está situado en un lugar determinado. Los teletrabajadores están en movimiento y mantienen una comunicación con la empresa a través de medios telemáticos. Es el supuesto de comerciales. Estas personas están equipadas con teléfonos móviles, ordenadores portátiles y todos aquellos aparatos electrónicos que la empresa considere imprescindibles.

Teletrabajo a domicilio: El que realiza el trabajador desde su domicilio. Este tipo de teletrabajo, generalmente, implica el uso de telecomunicaciones e informática. Los casos más comunes son aquellas personas que algunos días trabajan desde la oficina y otros, desde sus casas, ya sea por política de la empresa para reducir gastos y tiempo de desplazamiento o por propio deseo del trabajador.

Teletrabajo en telecentro: Es una oficina que cuenta con equipos informáticos y telecomunicaciones apropiadas para el desempeño de actividades de teletrabajo.

Derechos colectivos en el teletrabajo

¿Tienen los teletrabajadores los mismos derechos colectivos que el resto de compañeros que prestan servicios en las instalaciones de la empresa? Evidentemente, sí.

De acuerdo con la citada afirmación, debemos tener en cuenta que los teletrabajadores:

Podrán comunicarse con los representantes de los trabajadores.

Están sometidos a las mismas condiciones de participación y elegibilidad en las elecciones para las instancias representativas de los trabajadores o que prevean una representación de los trabajadores.

Están incluidos en el cálculo determinante de los umbrales necesarios para las instancias de representación de los trabajadores, conforme a las legislaciones europeas y nacionales, así como a los convenios colectivos.

Los representantes de los trabajadores son informados y consultados sobre la introducción del teletrabajo conforme a las legislaciones europeas y nacionales, así como los convenios colectivos.

Formación en el teletrabajo

¿Gozan los teletrabajadores del mismo acceso a la formación y a las oportunidades de desarrollo de la carrera profesional que el resto de compañeros que prestan servicios en las instalaciones de la empresa? Evidentemente, sí.

Los teletrabajadores tienen el mismo acceso a la formación y a las oportunidades de desarrollo de la carrera profesional que los trabajadores comparables que trabajan en las instalaciones de la empresa y están sujetos a las mismas políticas de evaluación que el resto de los trabajadores. Dichas políticas de evaluación deberán ser conocidas por el teletrabajador.

No obstante lo anterior, los trabajadores a distancia reciben o tendrán que recibir (a la vista del entorno cambiante que no encontramos a consecuencia del COVID-19), una formación adecuada para utilizar el equipo de trabajo técnico a su disposición y sobre las características de esta forma de organización del trabajo (aprender las herramientas clave para transformar una parte del espacio personal en laboral, conocer las recomendaciones de prevención de riesgos laborales, aprender las normas básicas de organización para trabajar en casa, etc.).

Por otro lado, también tendrá que recibir formación específica el empresario, superior jerárquico o supervisor de los teletrabajadores en relación a la gestión y organización de esa modalidad contractual.

Prevención de riesgos en el teletrabajo

El empresario será responsable de la protección de la salud y seguridad de los profesionales del teletrabajo conforme a la directiva 89/391CEE, así como a las directivas particulares, legislaciones nacionales y convenios colectivos.

Asimismo, el artículo 13.4 del Estatuto de los Trabajadores establece que «los trabajadores a distancia tienen derecho a una adecuada protección en materia de seguridad y salud resultando de aplicación, en todo caso, lo establecido en la Ley 31/1995, de 8 de noviembre, de Prevención de Riesgos Laborales, y su normativa de desarrollo».

Paralelamente, para garantizar la correcta aplicación de las normas en materia de seguridad y salud, el Acuerdo Marco establece que el empresario, así como los representantes de los trabajadores, podrán tener acceso al lugar donde se desarrolle el trabajo para verificar la correcta aplicación de las normas en materia de seguridad y salud. No obstante, en el caso que se realice desde casa, dicho acceso deberá notificarse y recibir el consentimiento previo del trabajador.

El empresario también deberá informar al trabajador que preste servicios bajo la modalidad de teletrabajo, política de la empresa en materia de salud y seguridad en el trabajo, en especial sobre las exigidas para el teletrabajo. Por su parte, el trabajador deberá aplicar correctamente estás políticas de seguridad.

Riesgos laborales del teletrabajo

Dentro de los riesgos laborales en el teletrabajo, los principales serían los siguientes:

- Trastornos musculoesqueléticos.
- Fatiga visual.
- Estrés.
- Las derivadas de la transformación de parte de la vivienda en lugar de trabajo.

¿Qué medidas preventivas podemos tomar para cada uno de los riesgos reseñados?

Frente a trastornos musculoesqueléticos, llevar a cabo un buen diseño ergonómico del puesto de trabajo, teniendo en cuenta:

Mesa o superficie de trabajo: La altura del plano de trabajo recomendable para el trabajo en ordenador es de 68 cm para los hombres y de 65 cm para las mujeres.

Silla: Tendrá cinco apoyos en el suelo y ruedas, apoyabrazos, el respaldo deberá ser reclinable y su altura ajustable.

Teclado: Deberá ser inclinable e independiente de la pantalla para permitir que el trabajador adopte una postura cómoda que no le provoque cansancio en los brazos o en las manos. Es recomendable la utilización de un reposamuñecas.

Atril: Deberá ser estable y regulable. Se recomienda su colocación al lado de la pantalla del ordenador y a su misma altura, para evitar giros innecesarios de cabeza.

Reposapiés: A emplear cuando no se apoyen bien los pies en el suelo. Deberá tener superficie deslizante.

Contra la fatiga visual, debemos tener en cuenta lo siguiente:

Una adecuada iluminación: Preferiblemente natural, que deberá complementarse con una iluminación artificial cuando la primera, por sí sola, no garantice las condiciones de visibilidad adecuadas.

Evitar reflejos y deslumbramientos: Ubicar los puestos de trabajo de forma tal que los ojos del trabajador no queden situados frente a una ventana o frente a un punto de luz artificial que le puedan producir deslumbramientos directos.

Formación periódica y específica sobre el uso de nuevas tecnologías de información y comunicación, ya que los avances tecnológicos se producen más rápido y el teletrabajador debe ser capaz de responder.

Una adecuada calidad de la pantalla del ordenador: La imagen deberá ser estable, sin destellos, centelleos u otras formas de inestabilidad. El trabajador deberá poder ajustar fácilmente la luminosidad y el contraste entre los caracteres y el fondo de la pantalla, y adaptarlos fácilmente a las condiciones de su entorno.

Correcta ubicación del equipo informático y accesorios: La pantalla, el teclado y los documentos deberán encontrarse a una distancia similar a los ojos para evitar la fatiga visual y los giros de cuello y cabeza. La distancia recomendada de lectura de la pantalla con respecto a los ojos del trabajador será entre 40 y 55 cm. La pantalla deberá estar a una altura que pueda ser visualizada por el trabajador dentro del espacio comprendido entre la línea de visión horizontal y la que se encuentra a 60° por debajo de la misma.

Contra los riesgos derivados de la organización del trabajo (estrés):

El teletrabajador normalmente trabaja en casa, en soledad o aislado del resto de la plantilla de la empresa, manteniendo un contacto casi exclusivamente telemático o telefónico; ello lleva implícito una serie de posibles riesgos laborales de carácter psicosocial que puedan dar lugar a diversas patologías. De ahí la necesidad de establecer una serie de medidas preventivas:

Aislamiento: Es conveniente prefijar una serie de reuniones entre el teletrabajador y los componentes de la empresa; de esta manera se consigue estar al día en cuestiones propias de su trabajo, de su empresa, se fomenta el sentido de pertenencia a la organización y se previenen problemas derivados de la soledad y el aislamiento.

Separación del ámbito familiar del laboral: El hecho de no separar, no solo de manera física, ambos aspectos de la vida, puede dar lugar a tensiones que afectan psicológicamente al teletrabajador.

Flexibilidad horaria: Establecimiento de un horario adaptado a las cualidades y necesidades del teletrabajador, dado que el propio control del ritmo de trabajo puede dar lugar a un exceso de horas de trabajo con la consiguiente sobrecarga.

Pausas: Establecer un ritmo de trabajo con descanso donde primen las pausas cortas y frecuentes frente a las largas y espaciadas. Esto es debido a que una vez llegado el estado de fatiga es difícil recuperarse, siendo más positivo procurar no alcanzarlo.

Para prevenir los riesgos derivados de la transformación de una parte de la vivienda en lugar de trabajo:

Habilitar una zona aislada dentro de la vivienda, con suficiente espacio para contener los equipos y materiales de trabajo, de manera que ese espacio se dedique exclusivamente al trabajo. Sería conveniente que dispusiera de luz natural, y que el ruido, tanto externo como de la casa, fuera el menor posible.

Ordenar el espacio de la habitación para evitar caídas y golpes.

Vigilar la temperatura de la habitación, así como la ventilación de la misma; el control de la calidad del aire interior es importante a la hora de mantener la seguridad y salud laboral.

Ventajas y desventajas del teletrabajo

En el estudio realizado conjuntamente por la OIT y la Fundación Europea por la Mejora de las Condiciones de Vida y de Trabajo (Eurofound), se establecen las ventajas y desventajas del teletrabajo.

Ventajas

- Reducción del tiempo necesario para llegar al trabajo.
- Mayor autonomía y flexibilidad en la organización del trabajo.
- Mejor equilibrio entre el trabajo y la vida personal.
- También existen ventajas para la empresa, ya que puede estimular la motivación y reducir la rotación del personal, aumentar la productividad, la eficiencia y reducir la necesidad de espacio de oficina y los costes asociados con ello.

Desventajas

- Tendencia a trabajar jornadas más largas.
- Que el trabajo remunerado invada el espacio de la vida personal al estar trabajando desde casa.
- Tendencia a la intensificación del trabajo.
- Peligro de asilamiento, al existir menor comunicación con los compañeros de trabajo.
- Para la empresa, existirá un menor control sobre los trabajadores.
- Imposibilidad de supervisión directa del desarrollo del trabajo.

Sin perjuicio de lo anterior, cabe destacar que el teletrabajo puede ser un mecanismo de integración de los trabajadores jóvenes y también de las personas con una discapacidad reconocida.

Claves para un teletrabajo eficaz durante la pandemia del COVID-19

Quienes trabajan a distancia, por lo general lo hacen en periodos breves de uno o dos días a la semana, pero el riesgo de contraer el virus ha impuesto ahora esta forma de trabajo a tiempo completo a muchos trabajadores.

A continuación se detallan unos cuantos consejos prácticos para hacer más efectivo el trabajo a distancia.

Apoyo de los directivos. Desde los altos directivos hasta los supervisores principales. Las investigaciones han demostrado que la resistencia de los directivos al teletrabajo es un importante obstáculo para que esta práctica sea eficaz. Dirigir eficazmente a quienes trabajan a distancia exige un enfoque de gestión basado en los resultados. Ello supone definir metas, objetivos y tareas, y luego supervisar y hablar de los progresos, sin imponer excesivas presentaciones de informes.

Herramientas y formación apropiadas. Esto incluye tener acceso al equipo adecuado (como un ordenador portátil y aplicaciones para teletrabajar), asistencia técnica suficiente y formación, tanto para los directivos como para quien trabaja a distancia.

Expectativas claras. Es necesario que todas las partes sepan qué se espera de los que trabajan desde sus casas, sus condiciones de empleo, su disponibilidad horaria, y cómo supervisar la evolución e informar de los resultados. Por ejemplo, es esencial establecer reglas básicas claras y a la vez, respetarlas, sobre cuándo el personal tiene o no tiene que estar disponible para trabajar.

Poder controlar su tiempo. El teletrabajo puede ofrecer flexibilidad a los trabajadores para hacer sus tareas en el horario y el lugar que más les convenga, siempre y cuando permanezcan a disposición en el horario normal de trabajo de la empresa. Esta flexibilidad es esencial para que el teletrabajo sea eficaz, pues permite a quien trabaja a distancia programar su trabajo remunerado en función de sus responsabilidades personales, como cuidar de los hijos, de padres de edad avanzada o de familiares enfermos.

Una estrategia personal para trabajar mejor. Aunque las expectativas estén claras, es fundamental que quien trabaje a distancia pueda crear su estrategia personal para gestionar eficazmente la frontera entre el trabajo remunerado y la vida personal. Esto incluye delimitar un espacio de trabajo tranquilo y poder desconectar en horarios específicos reservados al descanso y a la vida personal.

La confianza. Los directivos, quienes trabajan a distancia y sus colegas deben confiar lo unos en los otros. Sin la existencia de confianza el teletrabajo no puede ser eficaz.

Datos de interés en relación al teletrabajo

Publicado en «El Confidencial» digital, el 29 de octubre de 2019, en el artículo: «Un país de 'calientasillas' y gente sociable: el teletrabajo no logra despegar en España».

«España sigue a la cola de países europeos en incorporar el trabajo remoto aunque sea unos días a la semana. Solo un 7% lo ha hecho alguna vez».

«Un 27% de empresas españolas implantaría el teletrabajo, pero solo un 3% de los trabajadores lo practica».

«El 47 % de empresas cree que lo más adecuado es dedicar a esta modalidad dos días a la semana».

«Según el Instituto Nacional de Estadística (INE), solo un 36% de las empresas con menos de 10 trabajadores facilita a su plantilla acceso remoto al correo electrónico, a documentos de trabajo y a las aplicaciones de la empresa, frente al 92,5% de las grandes».

«En España, la media de funcionarios que teletrabajan es del 6,7%, frente al 17% de Europa y el 51% de Suecia».

Información extraída de «Nuevas Tecnologías y formas de teletrabajo en Latinoamérica». Giovanni E.Reyes. Ph.D.University of Pittsburgh/ Harvard. Profesor titular y director de la Maestría en Dirección de la Universidad del Rosario.

En cuanto a América Latina, Argentina y Brasil marchan a la cabeza en la implementación de labores con base en las nuevas tecnologías en la región. Estos países se benefician de políticas que han sido fortalecidas y que han contado con continuidad desde 2003, favoreciendo este tipo de empleabilidad. Se considera que Argentina cuenta con más de un millón de personas trabajando con «oficina en casa».

Chile, país que durante muchos años ha sido el «poster boy» de las economías de la región, tanto por su crecimiento, como por las condiciones sociales comparativas que tiene en relación con otros países latinoamericanos, fue pionero en la legislación de teletrabajo. En ese sentido, tanto la población en general como las instituciones tienen un referente en el código laboral correspondiente, desde, 2001.

Colombia y Costa Rica poseen disposiciones reglamentarias sobre teletrabajo desde el año 2008. En Colombia, se trata de Leyes de Promoción de Teletrabajo, lo que ha incidido favorablemente, al considerar, por ejemplo, los drásticos problemas de movilidad que se tienen en una urbe como Bogotá con casi 9 millones de habitantes. La iniciativa legal en Costa Rica de hace ya diez años, enfatiza —más que las relaciones laborales en empresas privadas— los vínculos de empleo y productividad en las entidades públicas.

En Perú se han establecido reglamentaciones de última generación, con el fin de promover el cumplimiento laboral desde las casas. Uruguay, por su parte, es ejemplo de los beneficios del teletrabajo en una economía pequeña, en una sociedad de las más funcionales en Latinoamérica —con tan solo un 6 por ciento de población en condición de pobreza. El amplio rango de conectividad que le es propio al país en el uso de nuevos tecnologías hace que el teletrabajo se vaya instituyendo en forma rápida, en una modalidad laboral generalizada en muchos sectores económicos.

Como ya es tendencia y evidencia en las economías más desarrolladas, las formas de teletrabajo flexibilizan los mercados laborales y tienen el requerimiento de mayores niveles de inversión para poder impactar de manera sostenible el empleo en la economía real. Todo esto va creando un escenario donde emergen desafíos para nuevas formas laborales y de contrataciones que estarán ya operando plenamente en un futuro muy cercano.

«Cuarto Estudio de Penetración de Teletrabajo en empresas colombianas 2018». Elaborado por el Centro Nacional de Consultoría corporación Colombia Digital Ministerio TIC.

«El teletrabajo se consolida en Colombia, en el año 2018, con 122.278 teletrabajadores».

«Colombia, en el año 2018, multiplicó por 4 el número de teletrabajadores respecto al año 2012. De 31.553 en el año 2012 se pasó a 122.278 en el año 2018».

«En Colombia, en el año 2018, el sector servicios era el que contaba con mayor número de teletrabajadores, concretamente 86.116».

Conclusiones

A raíz de la crisis sanitaria del COVID-19, la forma de trabajar de muchas empresas ha cambiado de un día para otro ganando protagonismo en el escenario laboral la figura del teletrabajo, modalidad, como se ha dicho en este capítulo, poco regulada en Europa y España. No obstante, si ha llegado para quedarse, deberá desarrollarse un marco normativo para dar respuesta a las numerosas dudas legales relacionadas, tanto para la empresa como para sus trabajadores, con la gestión diaria de la actividad laboral y con sus derechos y obligaciones.

El teletrabajo, al que podemos acogernos de forma voluntaria, parece que aporta más ventajas que inconvenientes al permitir, entre otras cosas, conciliar la vida laboral y familiar, más autonomía al trabajador y también el ahorro de tiempo y dinero; pero el tiempo y la experiencia futura nos dirán, realmente, si esa modalidad que actualmente se considera una gran oportunidad para continuar con nuestro trabajo aporta beneficios y ventajas por igual a los trabajadores y a las empresas.

Fuentes utilizadas para la elaboración de este artículo

El futuro del Teletrabajo en América Latina y el Caribe. ¿Cómo garantizar los derechos de los trabajadores en la era digital? Autores: Alaimo, Veronica; Chaves, María Noel; Soler, Nicolás. Edición: Diciembre 2019. Banco Interamericano de Desarrollo Teletrabajo y Prevención de Riesgos Laborales de la Confederación Española de Organizaciones Empresariales (CEOE).

Promover el empleo y el trabajo decente en un panorama cambiante. Conferencia Internacional del Trabajo, 109ª. Reunión,2020.

Claves para un teletrabajo eficaz durante la pandemia del COVID-19. Jon Messenger, experto en organización del tiempo de trabajo de la OIT.